Peter Conradi · Hartmut Dieterich · Volker Hauff

Für ein soziales Bodenrecht

Peter Conradi · Hartmut Dieterich
Volker Hauff

Für ein soziales Bodenrecht

Notwendigkeiten und Möglichkeiten

Mit einem Vorwort von Lauritz Lauritzen

Europäische Verlagsanstalt

Druck: Mittelbayerische Zeitung, Regensburg
Umschlagfoto: H. Bürkle, Stuttgart
ISBN 3 434 00192 1
Printed in Germany

Inhalt

Vorwort von Lauritz Lauritzen		7
Einleitung		9
A 1	Der Boden im Grundgesetz	11
A 2	Der Boden in der Eigentumsordnung	20
A 3	Stadtplanung und Bodenrecht	25
A 4	Verdichtungsräume und Bodenrecht	33
A 5	Bodenrecht und Volkswirtschaft	41
A 6	Der Boden im Steuersystem	50
A 7	Die Bodenfrage in der öffentlichen Meinung	58
B	Exkurs: Internationaler Vergleich	69
	Die Vereinigten Staaten von Amerika	69
	Schweden	71
	Großbritannien	73
	Niederlande	75
	Israel	77
	Jugoslawien	79
	DDR	80
C 1	Das Städtebauförderungsgesetz – Beginn einer Reform des Bodenrechts	84
C 2	Novellierung des Bundesbaugesetzes	93
C 3	Steuerreform	104
C 4	Der öffentliche Boden	116
C 5	Kommunalisierung / Sozialisierung	126
C 6	Modell Bodenfonds	131
Schlußbemerkungen		141
Literaturverzeichnis		143
Personen- und Stichwortverzeichnis		150

Vorwort

Alle reden über Bodenspekulation und die Reform der Bodenordnung – manche arbeiten auch und kommen zu beachtenswerten und anregenden Ergebnissen – wie die Autoren dieses Buches. Ihnen ist sicherlich zuzustimmen, wenn sie feststellen: »Die Diskussion über eine Reform des Bodenrechts steht erst am Anfang; sie wird an Gewicht und Schärfe zunehmen.« Um so verdienstvoller ist es, sich in diesem Zwischenstadium aus der Unverbindlichkeit allgemeiner Klagen, Forderungen oder Wünsche herauszubegeben. Ich selber weiß aus Erfahrung: wer sich hervorwagt, gerät unter Beschuß. Doch die Verfasser stellen mit Recht fest: »Gesellschaftliche Veränderungen werden uns nicht geschenkt.« Sie werden deshalb die zu erwartende Kritik ertragen können, vor allem, weil sie eine insgesamt fundierte, breit angelegte und originelle Arbeit vorlegen. Ihre Analyse macht deutlich, wo die Mißstände der gegenwärtigen Bodenordnung liegen. Sie widerlegt die naiven Marktwirtschaftler, die nicht anerkennen wollen, daß wir Grund und Boden nicht wie Gurken und Birnen behandeln können, daß die gegenwärtige starre Eigentumsordnung zu unsozialen und die Allgemeinheit schädigenden Ergebnissen führen muß, weil sie kleinen Gruppen leistungslose Gewinne in Milliardenhöhe zuschwemmt und einen an den Bedürfnissen der Bürger, nicht jedoch an den Profitinteressen einzelner orientierten Städtebau erschwert oder gar unmöglich macht. Dieser Analyse wird sich kaum jemand entziehen können, der intellektuell redlich bleiben will. Größere Meinungsverschiedenheiten wird es und kann es beim gegenwärtigen Stand der Debatte über den einzuschlagenden Weg geben, der aus der Misere herausführen soll. Ich selber halte die hier vorgetragenen Thesen zur Wirksamkeit einzelner Instrumente des Städtebauförderungsgesetzes für zu pessimistisch. Doch wir werden schon in kurzer Zeit sehen können, wieweit z. B. die Möglichkeit der Heranziehung planungsbedingter Wertsteigerungen zur Finanzierung der Infrastruktur bei Entwicklungsmaßnahmen quantitativ bedeutsam wird. Wir werden dabei auch Erfahrungen für die Novellierung des Bundesbaugesetzes gewinnen können. Die hier vorgetragenen Vorschläge sind ein wichtiger Beitrag zur Diskussion für diese Novellierung. Zusammen mit weiteren Reformen im Steuerrecht, wie sie von den Autoren ebenfalls erörtert werden, ergibt sich so ein ganzes Bündel von Maßnahmen, die unmittelbar in Angriff genommen werden können.

Die Verfasser sprechen sich gegen eine Kommunalisierung von Grund und Boden aus, fordern jedoch eine weit stärkere Sozialbindung des Eigentums am Boden als bisher, und zwar durch eine Umwandlung des Volleigentums in ein Anteilsrecht an neu zu gründenden Bodenfonds. Gebäude sollen von dieser Umwandlung völlig ausgenommen bleiben.

Unzweifelhaft richtig an diesem Konzept scheint mir, daß wir langfristig zu einem flexibleren Nutzungseigentum am Boden kommen müssen, das spekulative Anlagedispositionen unmöglich macht, jedoch auf der anderen Seite dem privaten Investor – sei er Unternehmer oder Eigenheimer – einen stabilen Rahmen für die Durchführung seiner Bauprojekte bietet. Ob dabei die Konstruktion eines Bodenfonds der beste Weg sein kann, wage ich aus der gegenwärtigen Sicht nicht zu entscheiden, nicht zuletzt deshalb, weil bisher auch bei anderen ähnlichen Modellen nur grobe skizzenhafte Darstellungen vorliegen, die weiterer Klärung bedürfen. Eine solche Entscheidung ist jedoch derzeit, auch nach Meinung der Autoren, gar nicht notwendig, denn wir müssen zunächst die Möglichkeiten des Steuerrechts und Bodenrechts voll ausschöpfen, um einmal zu sehen, inwieweit diese Reformen tragfähig sind. Die Erfahrungen mit solchen Maßnahmen werden weiter Hinweise dazu liefern, wie die beste Konzeption für eine soziale Bodenordnung aussehen kann, die sowohl den Interessen der einzelnen Investoren wie der Allgemeinheit ausreichend Rechnung trägt. Den Verfassern dieser Schrift ist dafür zu danken, daß sie den Mut hatten und die Mühen auf sich nahmen, in einem kritischen Bereich konkrete Vorschläge zu erarbeiten, die in der Öffentlichkeit für ein soziales Bodenrecht werben und wirken können.

Dr. Lauritz Lauritzen

Mai 1972 Bundesminister für Städtebau und Wohnungswesen

Einleitung

Diese Arbeit wendet sich an einen heterogenen Leserkreis:

- an interessierte Bürger in allen gesellschaftlichen Bereichen;
- an Politiker, vor allem auf der kommunalen Ebene;
- an Fachleute: Verwaltungspraktiker, Planer, Liegenschaftsbeamte, Juristen.

Das sind Leser mit unterschiedlichen Erfahrungen und Erwartungen. Für uns hieß das, bei der Arbeit ständig den Kompromiß zu finden zwischen

- der wissenschaftlichen Korrektheit und Vollständigkeit des Fachbuches,
- der Verständlichkeit des Sachbuches und
- dem politischen Engagement der Verfasser und Leser;

denn dies ist kein trockenes, akademisches Thema, sondern ein aufregendes Problem unserer Gesellschaft.

Wir haben versucht, das Thema Bodenrecht nach den verschiedenen Problemfeldern aufzugliedern. Im Teil A wird der Ist-Zustand mit seinen Folgen und Widersprüchen dargestellt. Daraus werden die Kriterien zur Beurteilung der Lösungsmöglichkeiten entwickelt. Der Exkurs (Teil B) über das Bodenrecht in einigen anderen Ländern erhebt keinen Anspruch auf Vollständigkeit. Hier ging es vielmehr darum, den Diskussionshorizont zu erweitern und durch den Blick über die Grenzen die Phantasie anzuregen. Im Teil C werden die zur Zeit diskutierten Vorschläge zur Reform des Bodenrechts, entsprechend der Gliederung der Problemfelder im ersten Teil, dargestellt und auf ihre Tauglichkeit, Realisierbarkeit und Relevanz untersucht. Es erschien uns dabei notwendig, von der isolierten Diskussion einzelner Schritte wegzukommen und die jeweils dargestellten Reformmaßnahmen in einen Zusammenhang zu bringen, d. h. ihre Auswirkung auch auf andere Problemfelder zu zeigen.

Wir hoffen, daß diese Arbeit die Diskussion um die Reform des Bodenrechts vorantreibt.

Erpfingen, im Februar 1972 Die Verfasser

A 1 Der Boden im Grundgesetz

Bei einer verfassungsrechtlichen Betrachtung unserer Bodenordnung ist es sinnvoll, von der Weimarer Verfassung ausgehend die Entwicklung über den Parlamentarischen Rat bis zum Grundgesetz zu verfolgen. Die Eigentumsgarantie der Weimarer Verfassung war in Art. 153 enthalten. Absatz 1 lautete:

- »Das Eigentum wird von der Verfassung gewährleistet. Sein Inhalt und seine Schranken ergeben sich aus den Gesetzen.«

Absatz 2 regelte die Enteignung. Absatz 3 hatte allgemeinere Bedeutung:

- »Eigentum verpflichtet. Sein Gebrauch soll zugleich Dienst sein für das Gemeine Beste.«

Die besonderen Fragen von Grund und Boden waren in Art. 155 geregelt. Friedrich Naumann hatte folgende Formulierung vorgeschlagen (Naumann 1964, S. 576):

- »Der Grund und Boden ist Nationaleigentum unter privater Benutzung . . . Städtische Grundstücke können zum Besteuerungswert von Staat und Gemeinde übernommen werden.«

Dieser Vorschlag hat die endgültige Formulierung des Art. 155 beeinflußt:

- »Die Verteilung und Nutzung des Bodens wird von Staats wegen in einer Weise überwacht, die Mißbrauch verhütet und dem Ziele zustrebt, jedem Deutschen eine gesunde Wohnung und allen deutschen Familien, besonders den kinderreichen, eine ihren Bedürfnissen entsprechende Wohn- und Wirtschaftsheimstätte zu sichern . . .

  Grundbesitz, dessen Erwerb zur Befriedigung des Wohnungsbedürfnisses, zur Förderung der Siedlung und Urbarmachung oder zur Hebung der Landwirtschaft nötig ist, kann enteignet werden . . .

  Die Bearbeitung und Ausnutzung des Bodens ist eine Pflicht

des Grundbesitzers gegenüber der Gemeinschaft. Die Wertsteigerung des Bodens, die ohne eine Arbeits- oder Kapitalaufwendung auf das Grundstück entsteht, ist für die Gesamtheit nutzbar zu machen ...«

Das war neu: Das geltende Recht enthielt, nachdem das Grundeigentum während der Französischen Revolution von seinen Jahrhunderte alten Bindungen befreit worden war, keine solchen grundsätzlichen Beschränkungen im Interesse der Allgemeinheit (Nell-Breuning 1969/I, S. 137 ff.). Das Preußische Allgemeine Landrecht gab im I. Teil, 8. Titel, § 1 dem Grundeigentümer in Anlehnung an römisch-rechtliche Vorstellungen unbeschränkte Herrschaftsgewalt, die »Sachherrschaft« im juristischen Sprachgebrauch:

- »Eigentümer heißt derjenige, welcher befugt ist, über die Substanz einer Sache oder eines Rechts, mit Ausschließung anderer, aus eigener Macht, durch sich selbst, oder einen Dritten zu verfügen.«

Der Code civil brachte in Art. 544 eine ähnlich umfassende Definition des Eigentums. Allerdings mit der Beschränkung, »daß man davon keinen durch die Gesetze oder Verordnungen untersagten Gebrauch mache«.

Daran lehnt sich die Formulierung unserer zivilrechtlichen Eigentumsbestimmung in § 903, Bürgerliches Gesetzbuch (BGB) an:

- »Der Eigentümer einer Sache kann, soweit nicht das Gesetz oder Recht Dritter entgegenstehen, mit der Sache nach Belieben verfahren und andere von jeder Einwirkung ausschließen.«

Es hatte sich gezeigt, daß ein gänzlich unbeschränkter Eigentumsgebrauch in der Gemeinschaft nicht tragbar ist. Deshalb hielt das Einführungsgesetz zum BGB in den Art. 65 ff. und 111 landesrechtliche Schranken des Eigentums, vornehmlich des Grundeigentums, aufrecht. § 903 stellt also das Eigentum nicht, wie gelegentlich behauptet wird, als schrankenloses Recht dar; allerdings wird die Sachherrschaft nur durch das Gesetz oder Rechte Dritter eingeschränkt, nicht aber durch das allgemeine Interesse. Das entsprach dem wirtschaftlichen Liberalismus sowie dem sozialen Bewußtsein des 19. Jahrhunderts; Einflüsse, die bei der Entstehung des BGB noch maßgeblich mitwirkten (Wolff/Raiser 1957, S. 173 ff.). Den bodenreformerischen und sozialistischen Strömungen des beginnenden 20. Jahrhunderts folgend, unterwarf die Weimarer Verfassung das Grundeigentum starken sozialen Bindungen. Die Verfassungswirklichkeit allerdings sah anders aus; der Gesetzgeber erfüllte schon damals den Verfassungsauftrag des Art. 155 nicht. Die sich selbst überlassenen Gerichte stützten sich auf die früheren Landesgesetze. Alles blieb beim alten.

Nach 1945 entstanden zuerst neue Verfassungen auf Länderebene. Meist lehnten sie sich an die Weimarer Verfassung an, so zum Beispiel in Bayern:

Art. 158:

- »Eigentum verpflichtet gegenüber der Gesamtheit. Offenbarer Mißbrauch des Eigentums oder Besitzrechtes genießt keinen Rechtsschutz.«

Art. 161:

- »Die Verteilung und Nutzung des Bodens wird von Staats wegen überwacht. Mißbräuche sind abzustellen. Steigerungen des Bodenwertes, die ohne besonderen Arbeits- oder Kapitalaufwand des Eigentümers entstehen, sind für die Allgemeinheit nutzbar zu machen.«

Diese Formulierungen entsprachen den nach dem Krieg vorherrschenden politischen Bestrebungen, die sozialschädliche Verfügung über Eigentum einzuschränken. Der Realisierung dieser Bestrebungen fehlten allerdings die materiellen Grundlagen. Die Diskrepanz zwischen Verfassungsnorm und Verfassungswirklichkeit wird an diesen bayerischen Verfassungsartikeln, vergleicht man sie mit der Fülle bayerischer Grundstückskandale, besonders deutlich.

Die in der Weimarer Verfassung zum Ausdruck gekommenen Vorstellungen waren auch Grundlage der Debatten über das Eigentum im Parlamentarischen Rat bei der Beratung des Grundgesetzes (GG). So wurde folgende Formulierung für Art. 14 vorgeschlagen:

- »Das der persönlichen Lebenshaltung oder der eigenen Arbeit dienende Eigentum wird zugleich mit dem Erbrecht gewährleistet. Inhalt und Schranken werden durch die Gesetze bestimmt.
- Eigentum verpflichtet. Seine Ausübung findet ihre Schranken in den Lebensbedürfnissen der Allgemeinheit und der öffentlichen Ordnung des Gemeinwesens.«

Diese Formulierung wurde bei Stimmengleichheit abgelehnt, desgleichen der Vorschlag:

- »Wer sein Eigentum mißbraucht, kann sich auf den Schutz dieser Bestimmungen nicht berufen.«

Die Mehrheit meinte, gegen Mißbrauch des Eigentums schütze Art. 18 GG:

- »Wer ... das Eigentum (Art. 14) ... zum Kampfe gegen die freiheitliche demokratische Grundordnung mißbraucht, verwirkt diese Grundrechte ...«

Daß neben dem Kampf gegen die freiheitlich-demokratische Grundordnung andere Formen des Eigentumsmißbrauchs möglich sind, konnte oder wollte sich diese Mehrheit offenbar nicht vorstellen. Strittig waren im Parlamentarischen Rat auch die Regelungen für die Entschädigungen bei Enteignungen. Den KPD-Antrag, jede Entschädigung auszuschließen, lehnte die Mehrheit ab. Ebenso lehnte sie eine von Seebohm eingebrachte und von DP und CSU unterstützte Formulierung ab, wonach prinzipiell die volle Entschädigung zu zahlen sei. Auch die in der Weimarer Verfassung enthaltene Regelung einer »angemessenen Entschädigung« wurde abgelehnt und eine gerechte Interessenabwägung beschlossen (Parlamentarischer Rat 1948/49, S. 11 ff.). So kam es zu der heutigen Fassung der Art. 14 und 15 GG:

Art. 14:

- »Das Eigentum und das Erbrecht werden gewährleistet. Inhalt und Schranken werden durch die Gesetze bestimmt.
- Eigentum verpflichtet. Sein Gebrauch soll zugleich dem Wohle der Allgemeinheit dienen.
- Eine Enteignung ist nur zum Wohle der Allgemeinheit zulässig. Sie darf nur durch Gesetz oder aufgrund eines Gesetzes erfolgen, das Art und Ausmaß der Entschädigung regelt. Die Entschädigung ist unter gerechter Abwägung der Interessen der Allgemeinheit und der Beteiligten zu bestimmen. Wegen der Höhe der Entschädigung steht im Streitfalle der Rechtsweg vor den ordentlichen Gerichten offen.«

Art. 15:

- »Grund und Boden, Naturschätze und Produktionsmittel können zum Zwecke der Vergesellschaftung durch ein Gesetz, das Art und Ausmaß der Entschädigung regelt, in Gemeineigentum oder in andere Formen der Gemeinwirtschaft überführt werden. Für die Entschädigung gilt Art. 14 Abs. 3 Satz 3 und 4 entsprechend.«

Das Grundgesetz enthält damit keine eigene Definition des

Eigentums, es überläßt die inhaltliche Bestimmung vielmehr ganz dem Gesetzgeber. Lediglich die Institution des Eigentums wird garantiert. Anders noch die Weimarer Verfassung: Sie enthielt selbst Inhaltsbestimmungen des Eigentums und mit Art. 155 einen klaren Auftrag an den Gesetzgeber zu einer bestimmten Ausgestaltung des Bodenrechts. Ein solcher bestimmter Auftrag fehlt in Art. 14 GG. Selbst der Gedanke, daß der Gebrauch des Eigentums »Dienst für das gemeine Beste« sein solle, ist in Art. 14 Abs. 2 GG verblaßt zu der Formel: »Sein Gebrauch soll zugleich dem Wohle der Allgemeinheit dienen.« (Wolff/Raiser 1957, S. 5, Anm. 8.) Es verwundert, daß sich weder in der Öffentlichkeit noch bei der Justiz oder beim Gesetzgeber ein neues und sozialeres Eigentumsbewußtsein bildete. Während die Weimarer Verfassung

- zum Ziele setzte, jedem Deutschen eine gesunde Wohnung zu sichern,
- die Nutzung des Bodens zur Pflicht gegenüber der Gemeinschaft erhob und
- die unverdienten Wertsteigerungen des Bodens der Gesamtheit nutzbar machen wollte,

enthält das Grundgesetz in Art. 14 nur abstrakte, juristische Formulierungen. Freilich lassen diese nicht nur alle inhaltlichen Bestimmungen des Eigentums offen, sie lassen sie auch zu – im gleichen Umfang wie die Weimarer Verfassung. Das Grundgesetz läßt damit zu jedem Zeitpunkt die gesellschaftlich notwendige inhaltliche Bestimmung des Eigentums zu, und zwar durch einfaches Gesetz.

Da der größere Teil des Textes des Art. 14 GG sich mit dem Problem der Enteignungsentschädigung beschäftigt, wird die Frage des Bodenrechts oft auf dieses Problem beschränkt. Obwohl die Enteignung durchaus nicht das ganze Bodenrecht darstellt, ist sie doch ein wichtiger Prüfstein. Während die Rechtsprechung noch Anfang der fünfziger Jahre versuchte, den unbestimmten Rechtsbegriff der gerechten Interessenabwägung zwischen Allgemeinheit und Grundeigentümer bei der Entschädigung auszufüllen, änderte sich das mit der grundlegenden Entscheidung des Großen Zivilsenats des Bundesgerichtshofes (BGHZ 6, 270). Der BGH bezeichnete jede Enteignung als ein Sonderopfer, das zur Herstellung der Gleichheit (Art. 3 GG) voll entschädigt werden müsse. Diese Rechtsprechung wurde durch das Bundesbaugesetz (BBauG) zum Gesetz erhoben. Daß dies nicht richtig sein kann, folgt aber schon aus Art. 14 Abs. 3 Satz 2 GG, denn eine Regelung über das Ausmaß der Entschädigung hat keinen Sinn, wenn voll zu entschädigen ist; wenn demnach die Entschädigung nur auszurechnen wäre, bliebe gar kein Raum für eine Interessenabwägung (Podlech 1971, S. 93).

Mit dem von Konrad Adenauer festgestellten »Ende der Nachkriegszeit« und dem durch den Wechsel in der Regierungskoalition eingeleiteten neuen Abschnitt hat die Diskussion über die geltende Eigentumsordnung wieder begonnen. Gerhard Leibholz, Richter am Bundesverfassungsgericht, hat 1970 im Südwestfunk mit Nachdruck darauf hingewiesen, daß im Grundgesetz das Bekenntnis zum Sozialstaat dieselbe Bedeutung wie das Bekenntnis zum Rechtsstaat habe. Art. 20 GG lautet:

- »Die Bundesrepublik ist ein demokratischer und sozialer Bundesstaat.«

Leibholz folgert daraus, daß das Grundgesetz damit das System der sozialen Marktwirtschaft nicht etwa verfassungsrechtlich vorschreibe. Vielmehr müsse der Gesetzgeber heute angesichts offenkundiger Mißstände die bestehenden Eigentumsinhaltsbestimmungen zugunsten einer dem Sozialstaat angemesseneren Ordnung ändern. Auch Bundespräsident Gustav Heinemann hat sich bei der Hauptversammlung des Deutschen Städtetages 1971 in München für die Beachtung des Sozialstaatsprinzips im Bodenrecht ausgesprochen.

Zur Schaffung eines neuen und sozialen Bodenrechts ist es deshalb keineswegs erforderlich, Art. 14 GG zu ändern. Er gibt zusammen mit Art. 15 und 20 GG genügend verfassungsrechtlichen Spielraum, der endlich genützt werden muß. In der Vergangenheit ist das nicht geschehen, im Gegenteil: Mit viel Geschick und Energie haben die Interessenvertreter des Bürgertums dafür gesorgt, daß im BBauG die Sozialpflichtigkeit des GG nicht wirksam wurde.

Das Bundesverfassungsgericht hat in verschiedenen Urteilen den Weg angedeutet, den die Gesetzgebung zu gehen haben wird. So stellt es in seinem Beschluß vom 12. 1. 1967 (1 BvR 169/63) fest:

- »Die Tatsache, daß der Grund und Boden unvermehrbar und unentbehrlich ist, verbietet es, seine Nutzung dem unübersehbaren Spiel der Kräfte und dem Belieben des Ein-

zelnen vollständig zu überlassen; eine gerechte Rechts- und Gesellschaftsordnung zwingt vielmehr dazu, die Interessen der Allgemeinheit beim Boden in weit stärkerem Maße zur Geltung zu bringen, als bei anderen Vermögensgütern ...
Das Gebot sozialgerechter Nutzung ist aber nicht nur eine Anweisung für das konkrete Verhalten des Eigentümers, sondern in erster Linie eine Richtschnur für den Gesetzgeber, bei der Regelung des Eigentumsinhalts das Wohl der Allgemeinheit zu beachten. Es liegt hierin die Absage an eine Eigentumsordnung, in der das Individualinteresse den unbedingten Vorrang vor den Interessen der Gemeinschaft hat.«

Im Hamburger Deichurteil vom 18. 12. 1968 (BvR 368/64) heißt es:

- »Das Abwägungsgebot des Art. 14 Abs. 3 Satz 3 GG ermöglicht es dem Gesetzgeber – zwingt ihn aber unter Umständen auch – auf situationsbedingte Besonderheiten des Sachverhalts und die Zeitumstände Rücksicht zu nehmen ... und damit zu einer im Zeitpunkt der Enteignung gerechten Entschädigung zu kommen. Eine starre, allein am Marktwert orientierte Entschädigung ist somit dem GG fremd.«

Neben dem Problem der Enteignungsentschädigung, das wohl nur dann richtig gelöst werden kann, wenn die im BBauG enthaltene Kodifikation der Rechtsprechung des BGH wieder aufgehoben und durch eine dem Gesichtspunkt der Interessenabwägung gerecht werdende Regelung ersetzt wird, und neben der Frage der gerechten steuerlichen Behandlung des Knappheitsgutes Boden ist vor allem auch noch eine grundsätzliche Überlegung anzustellen: Reicht unser aus § 903 BGB abgeleiteter einheitlicher Eigentumsbegriff überhaupt aus, um für die vielfältigen Funktionen des Eigentums die richtigen Regelungen zu bieten?

Eigentum dient so unterschiedlichen Zwecken wie

- der persönlichen Lebenshaltung, zum Beispiel die Güter zur Erfüllung unmittelbarer, persönlicher Lebensbedürfnisse wie Auto, Eigenheim usw.;
- der eigenen Arbeit, zum Beispiel die Arbeitsgeräte des Handwerkers;
- der Existenzsicherung und Altersvorsorge, zum Beispiel das Eigenheim oder das Miethaus;

- der Vermögensakkumulation und der Spekulation, zum Beispiel das unbebaute Grundstück;
- der Herrschaft über andere, zum Beispiel das Eigentum an Produktionsmitteln;
- der Sicherung wirtschaftlicher Macht, zum Beispiel beim Kartell und Monopol.

Auch zwischen Eigentum zum persönlichen und zum gemeinschaftlichen Gebrauch wird rechtlich nicht unterschieden. Die Eigentumsverhältnisse an einem Schulgebäude folgen den gleichen Regeln wie die am Einfamilienhaus. Es ist aber notwendig, zwischen den verschiedenen Eigentumsfunktionen entsprechend ihrer sozialen Relevanz auch rechtlich zu unterscheiden.

Immerhin unterscheidet das BGB zwischen Sach- und Bodeneigentum. Für jede Kategorie stellt es eigene Rechtsfiguren zur Verfügung. Diese Trennung setzt sich fort in einem besonderen Verfahren für das Bodeneigentum (Grundbuchordnung).

Die Differenzierung der Eigentumskategorien nach ihrer sozialen Relevanz ist auch politisch unumgänglich, will man der ständigen Verschleierung in der Eigentumsdiskussion entgegenwirken. Bundesinnenminister Genscher erklärte beispielsweise:

- »Die Eigentumsgarantie begründet nicht nur den Schutz des Großeigentums, sondern sie schützt auch das private Einfamilienhaus, das Sparbuch, das private Kraftfahrzeug. Und wenn jemand nur ein Hemd und eine Hose sein eigen nennen kann, dann gilt auch dafür die Garantie des Eigentums« (Gründler 1971, S. 333).

Ein Musterbeispiel für die Verschleierung der Eigentumsfrage.

Die Meinungsverschiedenheiten über die Ausgestaltung des Bodenrechts haben ihren Grund in der unterschiedlichen Auffassung der Eigentumsfunktion: Nach der traditionellen liberalen Auffassung des 19. Jahrhunderts begründet das private Eigentum den Schutz vor staatlicher Willkür und die Sicherung individueller Freiheit; privates Eigentum ist Voraussetzung für die Freiheit schlechthin. Diese Freiheit kam jedoch nach der altliberalen Doktrin des formalen bürgerlichen Rechtsstaats nur den wenigen Besitzenden zugute (Wassermann 1971). Wenn sie bis heute die Verfassungswirklichkeit bestimmt, so ist das nicht zuletzt darauf zurückzuführen, daß infolge der einseitigen sozialökonomischen Struktur unseres Rechtswesens das Denken in Justiz und Rechtswissenschaft einseitig ausgerichtet ist. Dem steht die Idee der Sozialstaatlichkeit gegenüber, die Freiheit auch den Nichtbesitzenden gewährleisten will. In dem Maß, in dem die bisher vernachlässigte Sozialstaatlichkeit gleichberechtigt neben die Rechtsstaatlichkeit tritt, wird anstelle des Privateigentums als Freiheitsgarantie der wenigen Besitzenden stärker das Gemeineigentum als Freiheitsgarantie aller treten. Der Lebensstil wird heute weitgehend davon bestimmt, ob genügend öffentliche Einrichtungen wie Schwimmbäder, Theater, Parkplätze, Wanderwege zur Verfügung stehen. Die Ausweitung der Rentenversicherung beispielsweise auch auf Landwirte und Selbständige zu einer allgemeinen Volksversicherung wird die bei diesen Gruppen vielfach notwendige Anlage in Grundstücken zur Alterssicherung in ihrer Bedeutung reduzieren.

Festzuhalten bleibt also, daß das Grundgesetz – trotz einzelner Mängel – unter dem übergeordneten Gebot der Sozialstaatlichkeit einer Neubestimmung der Eigentumsinhalte nicht im Wege steht, im Gegenteil, erst diese Neubestimmung wird die Sozialstaatspflicht bei Grund und Boden realisieren.

A 2 Der Boden in der Eigentumsordnung

»Die juristischen Eigentumskategorien, mit denen wir umgehen, spiegeln uns infolge ihres sehr hohen Abstraktionsniveaus und ihrer Formalität so etwas wie eine überzeitliche Gültigkeit vor« (Schmidt 1970). Diese angeblich überzeitliche Gültigkeit unserer Eigentumsordnung spielt in der Eigentumsdiskussion eine große Rolle. Eine wichtige Voraussetzung für eine neue soziale Bodenordnung ist deshalb, in der Diskussion immer wieder deutlich zu machen, daß die heutige Eigentumsordnung Ergebnis einer historischen Entwicklung ist. Die Verklärung der bestehenden Ordnung und ihre ideologische Rechtfertigung setzen immer dann ein, wenn diese Ordnung nicht mehr von allen als einsichtig und gerecht verstanden wird. Dem Großgrundbesitz und der Großindustrie kommt dabei zugute, daß ihre Interessen weitgehend identisch mit denen der Eigentümer von Produktionsmitteln der öffentlichen Meinung sind. Auf dieser Grundlage hat eine schleichende Bewußtseinskorruption stattgefunden mit dem Ergebnis, daß die Eigentumsordnung dieses Landes in der öffentlichen Meinung geradezu tabuisiert worden ist. »Allemal werden die großen Fische es normal finden, wenn sie die kleineren verzehren. Ob die kleineren Fische es für ebenso normal finden und natürlich halten, ist eben das Problem« (Schmidt 1970). In der Eigentumsdiskussion ist nicht auszugehen von den juristischen Kategorien des Eigentums, sondern von seinen Funktionen, ist vor allem zu fragen nach der gesellschaftlich wirksamen Verfügungsmacht über privates Eigentum und nach der Kontrolle dieser Macht.

Das germanische Bodenrecht kennt kein Privateigentum, sondern nur ein Nutzungsrecht der Familie am Boden. Wald, Weide und Wasserläufe gehören zur »Allmende«, die genossenschaftlich genutzt wird. In der sogenannten Hufenverfassung entsteht ein Sondereigentum der Hausgemeinschaft an der

Hofstätte und ein Nutzungsrecht am Ackerland. Verkauf oder Vererbung von Boden war jedoch auch hier nicht möglich. Der Hausherr als Oberhaupt der Hausgemeinschaft wird später zum Grundherrn, der das Land nicht mehr selbst bebaut, sondern an andere in Form eines Nutzungsrechts abgibt. Das Nutzungsrecht kann verkauft oder vererbt werden. Aus dieser Grundherrschaft entwickelt sich allmählich die Gutsherrschaft. Auch hier ist die Verfügungsgewalt des Gutsherrn nicht unbeschränkt; ihm sind zahlreiche Verpflichtungen für die Allgemeinheit auferlegt.

In den Städten ist der Boden ungeteilt. Ein Bebauungsrecht begründet Bebauungspflicht. Die Nutzungsrechte können verkauft oder vererbt werden, jedoch nicht der Boden. Im Unterschied zum römischen Recht, demzufolge Gebäude und Boden untrennbar miteinander verbunden sind (wie § 94 BGB), trennen das germanische und angelsächsische Recht zwischen Boden und Gebäude, zwischen Eigentum und Nutzung. Mit der Übernahme des römischen Rechts entwickeln sich die Begriffe des Ober- und Untereigentums, zum Beispiel im Allgemeinen Preußischen Landrecht, das bei geteiltem Eigentum den Eigentümer, der kein Nutzungsrecht hat, Obereigentümer nennt, den Nutzungsberechtigten dagegen Untereigentümer. Es darf nicht unerwähnt bleiben, daß dieses Prinzip des gebundenen Bodens auch schwere Nachteile hatte. Der Boden war weder veräußerbar noch belastbar, auf ihm lasteten eine Unzahl von Renten, Zinsen, Fronden und Monopolen; in vielen Fällen waren die Nutzungsrechte mit einer persönlichen Abhängigkeit des Nutzenden vom Obereigentümer verbunden.

Im 16. Jahrhundert beginnt die Übertragung von Eigentumsrechten am Boden an einzelne, die damit den Boden nicht nur nutzen, sondern auch verkaufen können. Vor allem nach 1800 wird früheres Domänenland, das bisher als Pacht- oder Erbbauland genutzt wurde, in Privateigentum umgewandelt. Bei diesen Verkäufen geht es zum Teil um die Abdeckung der Kriegsschulden, zum Teil beschaffen sich Großgrundbesitzer durch Bodenverkäufe das Geld für lohnendere Investitionen in der beginnenden Industrialisierung.

Die Aufklärung und die erste industrielle Revolution führen zu gesellschaftlichen Machtverschiebungen, die auch das Bodenrecht verändern. Die Bauernbefreiung des 19. Jahrhunderts geht parallel zur Befreiung des Bodens aus seiner Gebundenheit. So entsteht das private Bodeneigentum; die gesellschaftlichen Verpflichtungen des früheren Bodeneigentümers treten zurück, das Privateigentum des Bürgers wird gegenüber den Eingriffen der Obrigkeit geschützt und begründet die »bürgerlichen« Rechte und damit die politische Macht des Bürgers. Der »befreite« Boden kann nunmehr gekauft und verkauft, vererbt, belastet und frei verwendet werden. Die Folgen dieser neuen Bodenverfassung, die zur Zeit ihrer Entstehung emanzipatorischen Charakter hatte, das heißt die Befreiung aus den persönlichen Abhängigkeiten vom Obereigentümer brachte, waren nicht nur positiver Art. Die Veräußerungsfreiheit und das Erbrecht führten zu einer beispiellosen Zersplitterung des Bodeneigentums, vor allem dort, wo das Prinzip der Realteilung galt, also der realen Aufteilung auch der Grundstücke im Erbfall. Das in der ersten Industrialisierung und in der folgenden Gründerzeit verdiente Geld wurde vielfach in städtisches Bodeneigentum investiert. Die Freiheit, sich zu verschulden, hatte eine erhebliche Belastung des Bodens zur Folge. So war um 1900 rund $\frac{1}{6}$ des deutschen Volksvermögens von rund 350 Milliarden RM in Hypotheken angelegt (Berger 1971, S. 4 ff.). Auch für die Bauern erwies sich die »Befreiung« häufig als zweifelhaftes Geschenk. Aus ihren früheren Abhängigkeiten entlassen, waren sie nun den Spekulanten hilflos ausgeliefert. Von 1800 bis 1850 geht über $\frac{1}{3}$ des bäuerlichen Bodeneigentums verloren. Mit der Industrialisierung beginnt die Abwanderung der nunmehr besitzlosen Bauern in die Industriestädte und die Entstehung des industriellen Proletariats. Die sozialen Folgen dieser Entwicklung, vor allem die katastrophale Wohnungsnot des 19. Jahrhunderts, sind bekannt. So erklärt es sich, daß zu Ende des 19. Jahrhunderts die Bodenreform zur »sozialen Frage« schlechthin wird. Die politische Macht der großen Grundeigentümer war jedoch stark genug, eine durchgreifende Änderung des Bodenrechts durch die Bodenreformer zu verhindern, die sich unter Damaschke und Oppenheimer im Bund der Bodenreformer zusammengeschlossen und eine rege publizistische und politische Aktivität entwickelt hatten. Statt dessen wurde das private Bodeneigentum zunehmend zum Symbol der gutbürgerlichen Gesellschaft.

Zu dieser historischen Entwicklung sagt Nell-Breuning, »daß es nicht die Kirche war, die das Eigentum heilig gesprochen hat; selbst die Heiligsprechung durch die Französische Revolution bezog sich nicht auf das Eigentum, sondern immerhin auf das Eigentumsrecht; erst die liberale Bourgeoisie des 19. Jahrhunderts hat sie auf das Eigentum selbst ... übertragen, und bis ins letzte Drittel des 20. Jahrhunderts gibt es noch Gedankenlose, die es der Bourgeoisie von damals nachbeten« (Nell-Breuning 1971). Wenn konservative Politiker heute immer wieder betonen, das Privateigentum sei ein Grundpfeiler unserer freiheitlich-demokratischen Grundordnung, so offenbaren sie damit nichts anderes als ihr im 19. Jahrhundert stehengebliebenes gesellschaftliches Bewußtsein. Die Kirchen – selbst Eigentümer nicht unerheblicher Ländereien – haben, wenngleich sie das Eigentum nicht heilig gesprochen haben, doch dazu beigetragen, den bürgerlichen Eigentumsbegriff ideologisch zu untermauern, zum Beispiel mit Thesen wie: Die bestmögliche Nutzung der Güter im Sinne aller sei allein durch eine Privateigentumsordnung gewährleistet; Gütergemeinschaft führe erfahrungsgemäß zu Unfrieden, Unordnung und mangelnder Sorgfalt; die Institution des Privateigentums sichere die Würde und Freiheit des Menschen; in der Gütergemeinschaft sei der einzelne vom Kollektiv und seiner Leitung abhängig (Kerber 1971).

Es ist jedoch nicht zu übersehen, daß sich auch in den Kirchen die Diskussion über das Eigentum allmählich von den ideologischen Positionen hin zu einer kritischen Prüfung entwickelt. Ein Beispiel ist die Resolution vom Evangelischen Kirchentag 1969 in Stuttgart: »Eigentum darf keine Herrschaft über Menschen begründen. Wo durch privates Eigentum Herrschaft über Menschen ausgeübt wird, ist es zu vergesellschaften und unter demokratische Kontrolle zu stellen« (pro test 1969, S. 3). Auch in der öffentlichen Diskussion beginnt sich allmählich ein Wandel in der Bewertung des Privateigentums abzuzeichnen. Dem wachsenden Problembewußtsein politisch engagierter Gruppen steht allerdings noch die vorherrschende öffentliche Meinung entgegen, nach der Privateigentum vor allem der Konsumsteigerung und dem Sozialprestige dient, ablesbar beispielsweise an der Durchschlagskraft des als »Sozialzote« kritisierten Slogans der Sparkassen »Hast du was, so bist du was« (Berg 1971, S. 11).

Das Bodeneigentum unterscheidet sich von anderen Eigentumsarten durch eine Reihe von Punkten. Im Unterschied zu produzierten Gütern ist es nicht beliebig vermehrbar, im

Unterschied zu vielen Rohstoffen ist es nicht substituierbar. Die wachsende Menschenzahl bedingt eine zunehmende Verknappung und damit Wertsteigerung des Bodeneigentums. Diese Wertsteigerung aus Verknappung ist nicht an Leistungen des Eigentümers gebunden, sie wird durch Leistungen der Gesellschaft in Form von Planung, Erschließung und Investitionen bewirkt. Zu diesen Besonderheiten des Bodeneigentums kommt, daß das Bürgertum, nachdem es sich die politische Macht erkämpft hatte, das Privateigentum als die Grundlage dieser Macht, vor allem aber das Eigentum am »befreiten« Boden, rechtlich und steuerlich so ausgestattet hat, wie es seinen Interessen entsprach. In den folgenden Abschnitten wird zu zeigen sein, wie das Bodeneigentum gegenüber anderen Eigentumsformen privilegiert ist, sei es in den Rechten des Bodeneigentümers bezüglich der Planung, sei es im Enteignungs- und Entschädigungsrecht oder in der Begünstigung des Bodeneigentümers bei der steuerlichen Bewertung und Erfassung. In der Krise unserer Städte werden die Folgen dieser Privilegierung deutlich.

Obwohl der Boden ein gesellschaftlich so wichtiges Gut ist wie Bodenschätze und Wasser, wird er wie andere Güter behandelt. Das gilt bis hin zur privatwirtschaftlichen Vermittlung von Grundstücken durch das Maklergewerbe. Bei der Arbeitskraft haben wir beispielsweise ein gesetzlich verbrieftes Recht der öffentlichen Vermittlung durch die Arbeitsämter. Die Gewinnung und Verwertung von Wasser wird durch ein kompliziertes und detailliertes Wasserrecht geregelt. Auch bei Bodenschätzen (Uran) und der Wasserkraft ist die privatwirtschaftliche Verfügung stark eingeschränkt. Die Bereitschaft, durch ein neues, soziales Bodenrecht die private Verfügung über Grund und Boden einzuschränken, wird in dem Maße zunehmen, wie die sozialschädlichen Folgen des gegenwärtigen Bodenrechts der Öffentlichkeit bewußt werden. In der langfristigen historischen Entwicklung wird so nach der Periode des gebundenen Bodens auf die Periode des freien Bodens wieder eine gebundene Bodenverfassung folgen. Diese Bindung wird die Sozialbindung des Eigentums sein, deren Ausgestaltung Aufgabe des Gesetzgebers ist.

A 3 Stadtplanung und Bodenrecht

Deutlich wird die Notwendigkeit der Stadtplanung in den Städten, die im 19. Jahrhundert ohne ausreichende Planung »wild« gewachsen sind, Städte, die nicht für ihre Bewohner planvoll gebaut wurden und die deshalb ihren sozialen und gesellschaftlichen Aufgaben nur kümmerlich gewachsen sind. Stadtplanung bedeutet

- Vorausdenken, Voraussehen in die Zukunft;
- Koordinieren volkswirtschaftlicher und gesellschaftlicher Faktoren;
- Leiten der baulichen Entwicklung einer Gemeinde.

Ob und wie geplant wurde und geplant wird, hängt von der jeweiligen politischen Ordnung und dem daraus resultierenden Recht ab. Die Stadtplanung ist insoweit selbst Rechtssetzung und Teil des Bodenrechts. Je mehr soziale Bindungen des Eigentums in der Rechtsordnung anerkannt sind, desto eher ist Raum für Stadtplanung. Vom liberalistischen Standpunkt aus ist Stadtplanung dagegen vor allem Eingriff in die allgemeine Baufreiheit.

Die Stadtplanung heißt nach § 1 BBauG »Bauleitplanung«. Sie bezweckt formell, die bauliche und sonstige Nutzung der Grundstücke vorzubereiten und zu leiten; materiell, die städtebauliche Entwicklung in Stadt und Land zu ordnen. Die sich ändernden Bedürfnisse der Menschen werden von der allgemeinen Entwicklung in Wirtschaft und Gesellschaft bestimmt, die heute raschen Strukturveränderungen unterliegen. Der Städtebau spürt diese Veränderungen sofort. Der schnelle Wandel der Lebensbedingungen macht es nötig, daß sich auch die Städte und Dörfer den immer neuen Bedürfnissen und Ansprüchen anpassen. So bedeuten mehr Autos die Forderung nach mehr und breiteren Straßen, längere Schulpflicht heißt mehr Schulen, mehr Freizeit macht sinnvolle Freizeitbeschäftigung und Erholung nötig, industrielles Wachstum bedingt mehr Fabriken. All diese Forderungen brauchen zu ihrer Befriedigung Grund und Boden. Jährlich wachsen die Ansprüche an Wohnfläche um ein bis zwei Prozent – die Wohnungen werden größer. Für eine Stadt mit 600 000 Einwohnern bedeutet das, daß jährlich etwa 3000 Wohnungen gebaut werden müssen, wenn die Einwohnerzahl nicht abnehmen soll.

Die Bauleitplanung koordiniert beim Vorbereiten der Nutzung und beim Leiten und Ordnen der städtebaulichen Entwicklung alle Faktoren, die Grund und Boden beanspruchen. Stadtplanung ist also Daseinsvorsorge. Ihr Ziel ist es, gesunde Lebensbedingungen für die Menschen zu gewährleisten. Wohnen und Arbeiten, Versorgung mit Gütern und Dienstleistungen, Verkehr, Bildung und Erholung sind die Grundfunktionen, die die Stadtplanung zu sichern hat.

Im Vordergrund steht nach wie vor die Sicherstellung der Funktionen der Stadt, die weitgehend durch private Investitionen auf Grund und Boden verwirklicht werden.

Eine funktionsgerechte private Nutzung ist jedoch nur möglich, wenn gleichzeitig genügend Flächen für öffentliche Nutzungen zur Verfügung stehen. Nur in Baugebieten, die ausreichend erschlossen sind, in deren Umgebung beziehungsweise in denen selbst der tägliche Bedarf an Gütern und Dienstleistungen gedeckt werden kann, wo Kindergärten und Schulen vorhanden sind und Freiflächen für die Erholung zur Verfügung stehen, ist zeitgemäßes Wohnen möglich.

Die Planung soll dazu beitragen, daß der Grund und Boden wirtschaftlich und gesellschaftlich am besten genutzt wird. Im Idealfall fällt die beste wirtschaftliche mit der besten gesellschaftlichen Nutzung zusammen. Oft bestehen hier freilich Gegensätze. So würde es sich zweifellos rentieren, wäre es also wirtschaftlich, die wenigen Grünanlagen im Herzen der großen Städte zu überbauen. Gesellschaftlich gesehen, wäre es jedoch eine Katastrophe. Die Stadtplanung ist notwendig, um solche Gegensätze auszugleichen und Flächen für die private wie für die öffentliche Nutzung zu sichern.

Immer wieder entstehen Zielkonflikte: Oft stellt sich ein Eigentümer eine ganz andere Nutzung seines Grundstücks vor als die Gemeinde. Die Stadtplanung ist deshalb als Prozeß zu begreifen, in dessen Verlauf auf gesetzlich vorgeschriebenem Weg solche Konflikte rational ausgetragen und durch eine politische Entscheidung geregelt werden.

Planungszuständigkeiten

Die Bauleitplanung ist nach dem Bundesbaugesetz eine Aufgabe der Gemeinden. Die Stadtentwicklung wird aber nicht nur von der Bauleitplanung der Gemeinden bestimmt. Es planen außerdem:

- Landesplanungsstellen bei den Innenministerien und Regierungspräsidien (Berücksichtigung von Gesichtspunkten, die das ganze Land oder den Bezirk betreffen, wie zum Beispiel die Errichtung zentraler Orte),
- Regionale Planungsgemeinschaften (Entwicklung der Region),
- Autobahnämter (Autobahnen),
- Landesstraßenbehörden (Landstraßen außerhalb der Gemeinden),
- Wasserwirtschaftsämter (mit den Gewässern und dem Grundwasser zusammenhängende Vorhaben),
- Hochbauverwaltungen der Länder (Gebäude für Behörden, aber auch Universitäten, sowie Bauaufgaben des Bundes, wie zum Beispiel militärische Anlagen),
- Religionsgemeinschaften (Kirchen und Gemeindezentren),
- Wohnungsbauträger (Wohnungen, oft ganze Siedlungen).

Jeder dieser Planer hat seine besonderen Interessen. Die Planung der Gemeinde soll nun diese Einzelplanungen zusammenfassen. Dieses Ziel ist nicht immer erreichbar. Bei so vielen öffentlichen Planungsträgern ist Stadtplanung nicht nur ein Problem der besten öffentlichen oder privaten Nutzung, sondern vielmehr eine Machtfrage. Die Gemeinden sind häufig nicht in der Lage, die verschiedenen Interessen auszugleichen selbst der Ausgleich der sich oft widerstreitenden privaten Interessen wird zum Problem. Die Ziele der Raumordnung und Landesplanung, mit denen die Planungen der Gemeinden abgestimmt sein sollen und die für alle Planungsträger verbindlich sind, sind oft zu undeutlich, um den Gemeinden als Richtlinie dienen zu können.

Beteiligung der Öffentlichkeit an der Planung

Immer häufiger wird die Forderung erhoben, im Zuge der »Demokratisierung des Verwaltungshandelns« die Öffentlichkeit an der Stadtplanung in stärkerem Maße als bisher zu beteiligen. Sinn dieser Forderung ist, durch eine breite Beteiligung vieler Bürger die wirklich beste Planung, die beste Bodennutzung zu finden. Schon jetzt ist Vorschrift, daß alle Bauleitpläne, der Flächennutzungsplan wie die einzelnen Bebauungspläne, einen Monat öffentlich ausgelegt werden müssen, bevor sie endgültig beschlossen werden. Während der Auslegefrist hat jedermann Gelegenheit, Bedenken und Anregungen vorzubringen. Allerdings wendet sich dieses »Angebot« praktisch nur an die Privilegierten – nur sie können selbst Pläne lesen oder einen Berater bezahlen.

Die Verfahrensvorschriften bei der Aufstellung von Bebauungsplänen führen zu einem starken Einfluß der Grundeigentümer auf die Stadtplanung. Die Allgemeinheit dagegen nimmt von der Planung in bebauten und unbebauten Gebieten kaum Notiz. Eigentümer nehmen häufig nicht nur darauf Einfluß, wie im Bereich ihrer Grundstücke geplant wird (Einzelheiten der Planung mitzubestimmen, ist ein durchaus legitimes Anliegen), sondern auch darauf, ob überhaupt in dem Gebiet geplant wird, wie die Art der Nutzung und wie hoch das Maß der Nutzung sein soll. Überall gibt es Eigentümer, gegen deren Wünsche sich öffentliche Interessen an bestimmten Grundstücken angeblich nicht durchsetzen lassen. Der wirtschaftlich Mächtige findet nur zu oft bei den Städten und Gemeinden ein geneigtes Ohr für seine Absichten, selbst wenn sie besseren Erkenntnissen widersprechen. Der Stadtplaner und der Gemeinderat, die die Planungsentscheidungen letztlich treffen, stehen nicht selten unter massivem Druck (Gewerbesteuerzahler).

Die Bauleitplanung ist gerichtlich nachprüfbar. Das Vorbringen von Bedenken und Anregungen während des Bauleitplanverfahrens ist kein Einlegen von Rechtsmitteln, sondern nur Teil des Normsetzungsverfahrens. Ist ein als Satzung aufgestellter Bebauungsplan (das heißt ein von der Gemeindevertretung als Ortsgesetz beschlossener Plan) nach Genehmigung durch die Aufsichtsbehörde und nach öffentlicher Bekanntmachung rechtsverbindlich geworden, so kann er in den Ländern Baden-Württemberg, Bayern, Bremen, Hessen und Schleswig-Holstein mit einem Normenkontrollantrag angegriffen werden: Dann prüft das Gericht, ob der Bebauungsplan rechtmäßig zustande gekommen ist und ob er berechtigte Belange der Betroffenen oder bestehende Rechtsvorschriften verletzt. In einem Urteil des Oberverwaltungsgerichts Berlin vom 8. 5. 1970 (Baurecht 1970, S. 219) heißt es, das Fehlen der Normenkontrollklage in Berlin verletze die grundgesetzliche Rechtsschutzverbürgung. Das Urteil kann dazu führen, daß auch in den anderen Bundesländern das Normenkontrollverfahren eingeführt wird.

Außerdem kann die Rechtsgültigkeit eines Bebauungsplanes in allen Verfahren, die sich auf den Bebauungsplan stützen (Umlegung, Enteignung, Erschließungsbeiträge), angegriffen werden. Der Bebauungsplan ist dann »inzidenter« zu überprüfen, das heißt, anläßlich der Überprüfung der Zulässigkeit einer Enteignung wird beispielsweise als erstes geprüft, ob der Bebauungsplan, aufgrund dessen enteignet werden soll, ordnungsgemäß zustande gekommen ist und auch mit dem materiellen Recht in Einklang steht.

Der Bürger muß Rechtsschutz gegen hoheitliche Maßnahmen genießen. Wie weit die Möglichkeit des Rechtsschutzes gehen soll, ist strittig. Zeitlich unbegrenzte Rechtsschutzmöglichkeit gegen die städtebauliche Planung beeinflußt die Qualität dieser Planung. Mancher Planer überlegt bei seiner Entwurftätigkeit in erster Linie, wie sich gerichtliche Auseinandersetzungen vermeiden lassen – nicht ohne Grund. So wurde ein Bebauungsplan für ungültig erklärt, der in der Nähe von Einfamilienhäusern ein sechs- bis achtstöckiges Studentenwohnheim vorsah, obwohl die Unterbringung von Studenten eine unabweisbare öffentliche Aufgabe ist (Verwaltungsgerichtshof Baden-Württemberg, Beschluß vom 22. 7. 1966, I 131/65). Aus diesem Grunde steht die private Nutzungsmöglichkeit der Grundstücke eher im Vordergrund der städtebaulichen Planung als das öffentliche Interesse. Eine breitere Beteiligung der Öffentlichkeit an der Planung könnte hier allmählich eine Änderung bringen und die demokratische Legitimation der Stadtplanung verstärken.

Bauleitplanung und Bodenwert

Nicht umsonst wollen die Grundstückseigentümer Einfluß auf die Planung nehmen: Die Bauleitplanung bedeutet auch ein Verteilen von schwarzen und weißen Losen unter die Grundeigentümer. Die städtebauliche Planung bestimmt den Wert des

Bodens. Die Bodenpreise geraten schon dann in Bewegung, wenn der vorbereitende Bauleitplan, der Flächennutzungsplan, im Entwurf bekannt wird. Der Flächennutzungsplan einer Großstadt wie Stuttgart hat zum Beispiel die Wirkung, daß in den zehn bis fünfzehn Jahren seines Vollzugs 6000 bis 7000 Eigentümern ohne Gegenleistung Werte von mehr als einer Milliarde DM zufließen – ein Betrag, der dreimal höher ist als der, den die Stadt Stuttgart seit der Währungsreform für Schulbauten ausgeben konnte (vgl. Farenholtz 1969, S. 4). Manche Eigentümer sehen freilich ihre Erwartungen durch die Stadtplanung enttäuscht. Grundstücke, die nicht als Wohnbau- oder Gewerbeflächen ausgewiesen werden, sondern im Bebauungsplan als Verkehrs- oder Gemeinbedarfsflächen festgesetzt sind, erfahren, wenn überhaupt, eine wesentlich geringere Wertsteigerung. Der Strich des Planers schafft diese Werte jedoch nicht. Die Pläne schaffen nur die begründete Aussicht, daß für die als Baugebiete ausgewiesenen Flächen die öffentlichen Investitionen vorgenommen werden, die notwendig sind, damit das Baugebiet überhaupt bewohnt oder in ihm gearbeitet werden kann. Untersuchungen haben ergeben, daß pro qm Nettowohnbauland öffentliche Investitionen für Straßen, Abwasserkanäle, Schulen, Kindergärten, Sportplätze, Erholungseinrichtungen usw. von 120 bis 130 DM erforderlich sind – Preisbasis 1968/1969 (Stadt Stuttgart 1971, S. 115).

Während die Wertsteigerungen dem Eigentümer verbleiben, sind negative Auswirkungen der Planung, Planungsschäden, den Betroffenen zu ersetzen. Wird auf baureifem Land eine Verkehrsfläche geplant, so führt das zu Entschädigungen zum Baulandpreis (§§ 40 – 44 BBauG). Durch diese Relation zum Bodenwert wird die Stadtplanung belastet. Sie steht unter dem Druck, Festsetzungen treffen zu sollen, die bestimmte positive Auswirkungen, Wertsteigerungen zur Folge haben werden. Andererseits kann sie es wegen der sich ergebenden Entschädigungspflicht kaum wagen, die Durchsetzung öffentlicher Interessen auf Grundstücken vorzusehen, für die bisher eine private Nutzung festgesetzt ist. Der Wert des Bodens ist also abhängig von der Stadtplanung; die erwarteten individuellen Gewinne oder Verluste beeinflussen sie insoweit negativ, als dadurch die Ansprüche der Allgemeinheit zurückgedrängt werden.

Realisierung der Planung

Die städtebauliche Planung ist in ihrer jetzigen Ausgestaltung vornehmlich reaktiv. Sie beschränkt sich in der Regel darauf, festzulegen, was zulässig und was nicht zulässig ist (vgl. Dieterich/Farenholtz 1972, Vorwort).

Die möglichen Festsetzungen sind in § 9 Abs. 1 BBauG abschließend aufgezählt. Andere Festsetzungen kann ein Bebauungsplan nicht enthalten. Die Planungsmöglichkeiten reichen für manche Sachverhalte nicht aus. So kann zum Beispiel nicht festgelegt werden, daß auf bestimmten Flächen nur öffentlich geförderter, sozialer Wohnungsbau möglich sein soll.

Zur Realisierung der Planung sind noch weitere Schritte notwendig. Das Bodenrecht sollte die Instrumente für die zügige Realisierung der Planung bieten. Die für einen bestimmten Zweck ausgewiesenen Grundstücke (die die Planung am richtigen Ort ausgewiesen hat) müssen zur richtigen Zeit (schnell) und zum »richtigen« Preis (billig) in das Eigentum der Bedarfsträger gelangen. Nutzungen zur Befriedigung von Ansprüchen der Allgemeinheit lassen sich zwar dort ausweisen, wo es nötig ist, also am richtigen Ort. Es gelingt aber oft nicht, diese Fläche schnell in die Hand der Bedarfsträger zu bringen, und noch seltener, sie zu einem dem künftigen öffentlichen Zweck entsprechenden Preis zu erwerben. Vorkaufsrechte, Umlegung, Grenzregelung, Enteignung nach dem Bundesbaugesetz reichen nicht aus, um die Planung gegen Widerstand der Eigentümer zügig zu verwirklichen. Muß Zwang ausgeübt werden, so können Rechtsmittelverfahren Jahre dauern; jeder Schulbau, jeder Straßenbau kann so verzögert werden. Um solche Verzögerungen zu vermeiden, werden überhöhte Preise gezahlt. Die Planung leidet unter diesem Sachverhalt. Geplant wird in erster Linie dort, wo sich bestimmte Absichten realisieren lassen. So entstehen Siedlungen zufällig da, wo es einer Großstadt gelingt, einen großen Bauernhof aufzukaufen; oder die Bebauung eines Gebietes wird deshalb geplant, weil sich dort eine notwendige Neuordnung der Grundstücke als durchführbar erweist.

Damit die Planung nicht nur akademische Leistung bleibt, wird im Hinblick auf die Realisierbarkeit geplant. Das erzwingt Kompromisse – oft zu Lasten besserer städtebauwissenschaftlicher Erkenntnisse. Ziele der Stadtplanung werden unter solchen Zwängen manchmal aus den Augen verloren oder nur zu unvertretbaren Bedingungen erreicht.

Stadtplanung und privates Grundeigentum

Gelegentlich wird die Meinung vertreten, privates Grundeigentum verhindere eine gute Stadtplanung. Das muß nicht sein, aber die Qualität der Planung kann unter der Institution des Privateigentums leiden. Bisher war ein Kriterium bei der Prüfung der Güte einer Planung auch der Umstand, ob sie wirtschaftlich »angenommen« wurde – Voraussetzung dafür wäre freilich ein funktionierender Bodenmarkt. Allerdings könnte selbst ein funktionierender Bodenmarkt nicht der alleinige Maßstab für die Beurteilung der Planung sein; er kann auch zu sozial oder ökonomisch unerwünschten Verhältnissen führen (große Warenhäuser verdrängen kleine Läden, den Mittelstand, aus der City; auch Büros werden aus der City verdrängt und drängen ihrerseits in citynahe Wohngebiete; die Wohnbevölkerung wird sozial nach ihren Einkommensverhältnissen ausgesondert). Solche unerwünschten Tatbestände sind aber nicht eine Folge des Privateigentums, sie bedeuten nicht, daß das Privateigentum ganz verworfen werden müßte, sondern sie sind nur ein Zeichen dafür, daß dem Bodenrecht die Mittel fehlen, Entwicklungen dieser Art entgegenzuwirken. Nicht allein Preis und Wert der Grundstücke dürfen die Bodennutzung bestimmen. Soziale und gesellschaftliche Ansprüche müssen die gleiche Realisierungschance haben wie rentable private Nutzungen. Nur dann kann Stadtplanung ihren Auftrag richtig erfüllen. Unter den jetzigen Verhältnissen ist dies nicht der Fall.

A 4 Verdichtungsräume und Bodenrecht

Verdichtungsräume sind großflächige Räume mit starker Verdichtung von Wohn- und Arbeitsstätten. Sie sind eine Erscheinung der Industriegesellschaft und entstanden im Zuge der Veränderung des überkommenen Siedlungsgefüges. Mit Beginn der Industrialisierung, also Mitte des vorigen Jahrhunderts, zogen die Menschen vom Land in immer stärkerem Maße in die Städte.

Um die Jahrhundertwende begannen die großen Städte über die Grenzen hinauszuwachsen. Sie lösten ein stetiges Wachstum auch im weiteren Umland aus. Zunächst wurden die verkehrsmäßig am günstigsten gelegenen Vororte von der Bevölkerungszunahme erfaßt, insbesondere, wenn sie durch schienengebundene öffentliche Nahverkehrsmittel erschlossen waren. Seit dem Ende des Zweiten Weltkrieges setzte sich diese Entwicklung fort. Während die Bevölkerung in den Stadtkernen nicht mehr wächst, ja zum Teil sogar zurückgeht, dehnt sich die städtische Besiedlung auf das gesamte Umland der Großstädte aus – eine Entwicklung, die nur durch die größere Mobilität des Autos ermöglicht wurde (siehe auch Städtebaubericht 1969, S. 175/177).

In den großen Verdichtungsräumen der Bundesrepublik, den Großstädten und den angrenzenden Gebieten, leben heute mehr als 50% der Bevölkerung auf etwa 7% der Fläche des Bundesgebiets (Raumordnungsbericht 1970, S. 28). In den Großstädten und im Kern der Verdichtungsräume liegt die Bevölkerungsdichte zum Teil über 4000 Einwohner/qkm.

Die Verdichtung ist ein Phänomen, das in den meisten Ländern der Erde beobachtet werden kann. In Großbritannien lebt von den etwa 55 Millionen Einwohnern etwa ein Drittel in Verdichtungsräumen. Die Einwohnerzahl der Verdichtungsräume (Conurbations) nimmt jedoch leicht ab. Im Verdichtungsraum

Großparis lebten 1964 9,1 Millionen Menschen. Das waren auf 2% der Fläche Frankreichs 19% der Bevölkerung und 20% der gesamten in der Industrie tätigen Bevölkerung (vgl. Stichwort »Frankreich« in Brockhaus 1968, S. 474 f). Bei einer Gesamtbevölkerung der Schweiz von 5 429 000 Einwohnern lebten Anfang 1970 2 891 000, also auch 50% der Wohnbevölkerung der Schweiz, in Verdichtungsräumen (vgl. Statistisches Jahrbuch der Schweiz 1970, S. 12, 18).

Die Verdichtungsräume bedeuten nicht nur eine Verdichtung der Wohnstätten, sondern vor allem auch der Arbeitsstätten. Dementsprechend ballt sich in den Verdichtungsräumen auch die Wirtschaftskraft. Wie unterschiedlich die Höhe des Bruttoinlandsproduktes (Wert der im Inland erzeugten Güter und Dienstleistungen) in Verdichtungsräumen und in ländlichen Gebieten ist, soll ein Beispiel zeigen: Auf der einen Seite steht die kreisfreie Stadt Düsseldorf, die in einem Verdichtungsgebiet mit 682 926 Einwohnern im Jahr 1969 liegt. Ihr stehen gegenüber vier an Düsseldorf angrenzende Landkreise mit 1969 zusammen 697 791 Einwohnern (Statistisches Jahrbuch von Nordrhein-Westfalen 1970, S. 8). Das Bruttoinlandsprodukt der Stadt Düsseldorf betrug 15 118 DM je Einwohner, das der vier Landkreise im Durchschnitt 8 255 DM (Statistisches Jahrbuch Nordrhein-Westfalen 1970, S. 323).

Freilich ist der Unterschied zwischen dem Bruttoinlandsprodukt der Verdichtungsräume und dem der ländlichen Gebiete nicht überall so groß. Nach dem Stand von 1966 wird das Bruttoinlandsprodukt der Wirtschaftsbevölkerung in den Verdichtungsräumen durchschnittlich 8000 bis 8500 DM und mehr pro Kopf der Bevölkerung betragen haben, während in ländlichen Gebieten von einem Durchschnitt von nur 6000 bis 7000 DM pro Kopf der Bevölkerung auszugehen war (vgl. Raumordnungsbericht 1968, S. 13, Karte). Von 1964 bis 1966 hat in den Verdichtungsräumen die Zunahme des Bruttoinlandsprodukts pro Kopf ungefähr 1100 DM, in den ländlichen Gebieten dagegen nur 800 DM betragen (vgl. Raumordnungsbericht 1970, S. 16, Karte).

Die Verdichtung ist eine Folge der Industrialisierung. Politische, technische und ökonomische Veränderungen wirkten im letzten und in diesem Jahrhundert wechselseitig aufeinander ein. Wirtschaft und Gesellschaft wurden grundlegend verändert:

- Starkes Bevölkerungswachstum infolge Sinkens der Säuglingssterblichkeit und der Verlängerung der Lebensdauer;
- die zunehmende Arbeitsteilung und die dadurch bedingte Schaffung neuer Arbeitsplätze in den Verdichtungsräumen;
- die Steigerung des Sozialprodukts auf eine Höhe, die weit über der früherer Zeiten liegt;
- die Zunahme der Mobilität der Bevölkerung durch moderne Verkehrsmittel;
- die Entwicklung der Dienstleistungsgesellschaft.

Die Folge all dieser Umstände wiederum ist das ungeheure Anwachsen der Städte und die Verstädterung der Landschaft. Um die Städte herum entsteht ein Spannungsfeld, das einen immer größer werdenden Teil des Stadtumlandes einbezieht. Die neuen Arbeitsplätze entstehen in der Stadt. Die »Landflucht« setzt ein. Neue Wohnsiedlungen werden in der Nähe der Arbeitsplätze gebaut. Der Arbeitsmarkt, der Wohnungsmarkt und auch der »Heiratsmarkt« erscheinen günstiger. Es läßt sich besser einkaufen. Die Möglichkeiten, kulturelle Bedürfnisse zu befriedigen, sind eher gegeben. Es kann unter verschiedenen Ausbildungsmöglichkeiten gewählt werden. Vergnügung und Unterhaltung werden in jeder Form geboten. Aber auch die ärztliche Versorgung in der Stadt ist besser. So waren an den Krankenhäusern der kreisfreien Stadt Düsseldorf mit 7 718 Betten 721 Ärzte tätig. Während in den vier angrenzenden Landkreisen (einschließlich eines Landeskrankenhauses) nur 359 Ärzte für zusammen 11 118 Betten tätig waren (Statistisches Jahrbuch Nordrhein-Westfalen 1970, S. 43). Der Regierungsbezirk Köln weist eine überdurchschnittliche Bevölkerungsdichte auf. Demgegenüber ist der Regierungsbezirk Münster nur halb so dicht besiedelt. Beide Regierungsbezirke haben jedoch eine annähernd gleiche Einwohnerzahl. Im Jahre 1969 waren im Regierungsbezirk Köln 10,5 Ärzte auf 10 000 Einwohner tätig, während es im Regierungsbezirk Münster nur 7,2 waren; für Fachärzte betragen die Zahlen 7,7 und 5,3.

In den Verdichtungsräumen Berlin, Hamburg und München sowie den neun Großgemeinden mit über 500 000 Einwohnern bestanden 1969 ungefähr ebenso viele Teilnehmer die Reifeprüfung an Bildungseinrichtungen zum Erwerb der Hochschulreife für Erwachsene (Abendgymnasien und Kollegs) wie in den gesamten übrigen Gemeinden des Bundesgebietes (Statistisches Jahrbuch deutscher Gemeinden 1971, S. 213).

Die kreisfreie Stadt Düsseldorf hat drei Theater und ein Kulturorchester. Die vier angrenzenden Landkreise verfügen über keine derartigen Einrichtungen (Statistisches Jahrbuch Nordrhein-Westfalen 1970, S. 63).
Die Zahlen ließen sich beliebig weiterführen. Sie zeigen, daß die Lebensbedingungen in den Verdichtungsräumen besser sind als in den anderen Gebieten. Dies gilt für das Einkommen, die Bildungschancen, den Freizeitwert. Dabei muß vor allem bedacht werden, daß es in den Verdichtungsräumen einfacher ist, einen neuen oder anderen Arbeitsplatz zu finden. Nur dort sind die Bedingungen für die ständig verfeinerte Arbeitsteilung gegeben. Das Lohn- und Gehaltsniveau ist höher als in weniger dicht besiedelten Gebieten.
Die hohe Qualität der Infrastruktur kann nur in Verdichtungsräumen geschaffen werden. Nur dort »lohnt« sich ein hohes Angebot an Forschungs-, Bildungs- und Ausbildungseinrichtungen, weil sie nur dort ökonomisch genutzt werden, wo viele Menschen wohnen. Die steigenden Ansprüche der Bevölkerung an Wohn-, Freizeit- und Bildungswerte können nur dort realisiert werden.
Viele der Bewohner eines Verdichtungsraumes nützen die vielfältigen Angebote kaum aus. Aber allein der Gedanke an die Möglichkeit befriedigt und verleiht ein hohes Prestige.
Die Großstädte und das Verdichtungsgebiet, zu dem sie gehören, können nur funktionsfähig bleiben, wenn ihre Infrastruktur ständig ausgebaut, umgebaut, verbessert wird. Die Nutzung mancher Flächen muß immer wieder wechseln.
Der Zuzug in die Verdichtungsgebiete hält an. Aus den Verdichtungskernen ist freilich eine Abwanderung festzustellen. Ein beträchtlicher Teil der Bevölkerung aus den Ballungskernen ist in die angrenzenden Stadt- und Landgemeinden abgewandert oder abgedrängt worden. Die Gemeinden mit der stärksten Erhöhung ihrer Bevölkerungsdichte liegen daher an den Rändern der Ballungsräume. So nahm die Bevölkerungsdichte der Stadt Frankfurt von 1967 bis 1969 um 44 Einwohner pro qkm ab, während der Main-Taunus-Kreis um 52 Einwohner und der Obertaunuskreis um 49 Einwohner/qkm zunahmen. Bielefeld-Stadt nahm um 28 Einwohner/qkm ab, während Bielefeld-Land um 18 Einwohner/qkm zunahm (Raumordnungsbericht 1970, S. 12). In den Verdichtungsräumen ist deshalb die Wohnungsnot noch nicht überwunden. Die Wohnungs-

mieten in frei finanzierten Wohnungen erreichen eine schwindelnde Höhe. Preisgünstige Wohnungen stehen auch nicht in annähernd ausreichendem Umfang zur Verfügung. Dazu kommt, daß der Wohnungsbestand in den Zentren oft alt und sanierungsbedürftig ist. Überlastungserscheinungen auf dem Gebiet des Wohnungswesens sind für alle Verdichtungsräume deutlich. Stadterneuerung, Stadtentwicklung und Stadtsanierung tut not. Wo werden die Menschen wohnen, die die nach wie vor steigende Zahl von Arbeitsplätzen in den Verdichtungsräumen ausfüllen sollen?

Auf dem Gebiet des Verkehrs sind ebenfalls Überlastungserscheinungen für jedermann sichtbar. Die Transportbedürfnisse, nicht nur im Güter-, sondern auch im Personenverkehr steigen ständig, bedingt durch das allgemeine Wirtschaftswachstum, den steigenden Lebensstandard und die Zunahme der freien Zeit, vor allem aber auch durch die immer länger werdenden Anmarschwege von der Wohnung zur Arbeitsstätte. Die Zahl der Personenautos nimmt immer noch zu. Sie beträgt jetzt etwa 14 Millionen und soll im Jahre 1985 über 20 Millionen liegen (Städtebaubericht 1969, S. 47). Demgegenüber ist das Angebot an Straßenraum begrenzt. Es hält nicht Schritt mit der zunehmenden Zahl der Kraftfahrzeuge. Es ist abzusehen, wann innerhalb der Verdichtungsräume, insbesondere in den Kernzonen der Großstädte, weiteren Vergrößerungen des Verkehrsraumes absolute Grenzen gesetzt sind (siehe auch Städtebaubericht 1969, S. 51). Der Individualverkehr mit dem eigenen Pkw wird so immer problematischer und gefährlicher. Gleichzeitig ist aber auch das öffentliche Nahverkehrsnetz überlastet, wenig attraktiv und leistungsfähig – und trotzdem nicht billig. Die Ausstattung mit Einrichtungen des Gemeinbedarfs wie Schulen, Krankenhäuser, Kindergärten, Jugendheimen, Altenheimen, kulturellen Einrichtungen, Versammlungshallen, mit Grünanlagen wie Sportplätzen, Parkanlagen, Freibädern hält in manchen Verdichtungsgebieten mit dem Bevölkerungswachstum nicht mehr Schritt.

Die Versorgung und Entsorgung großer Verdichtungsräume erfordert immer größere Anstrengungen. Mit steigenden Ansprüchen der Bevölkerung an Trinkwasser und ständig wachsendem Bedarf an Brauchwasser wird die Wasserversorgung der Verdichtungsräume mehr und mehr zum Problem. Ohne große überregionale Wasserversorgungsanlagen und ohne einen überörtlichen Verbund von Wassermangelgebieten mit Wasserüberschußgebieten ließe sich die Wasserversorgung der Verdichtungsgebiete nicht mehr aufrechterhalten. Sie verschlingt schon jetzt Unsummen.

Nach wie vor werden viele Abwässer in den Verdichtungsgebieten, sei es aus den Haushalten oder aus der Industrie, ungereinigt oder nur unzureichend gereinigt in die Vorfluter geleitet. Im Jahr 1963 wurde zum Beispiel nur das Abwasser von etwa 27% der Bevölkerung der Bundesrepublik ausreichend gereinigt. Dadurch erwachsen weitere Gefährdungen der ohnehin bedrohten Wasserversorgung (vgl. Städtebaubericht 1969, S. 62). In Kläranlagen, die der gefahrlosen Beseitigung der Abwässer und damit der Sicherstellung der Wasserversorgung und der Erhaltung des Werts der Seen und Flüsse dienen, sind Milliardenbeträge zu investieren. Große Flächen sind für diesen Zweck bereitzustellen. Die Gemeinden können diese Aufgaben nicht mehr bewältigen.

Ebenso sieht es bei der Beseitigung fester Abfallstoffe aus. Die technische Entwicklung nach dem Krieg hat den Anfall an Abfallstoffen ins Unermeßliche steigen lassen. Das Volumen des Hausmülls hat sich in den Jahren 1950 bis 1961 je Einwohner etwa verdoppelt. Die Beseitigung der Abfallstoffe ist nicht gesichert. Im Jahre 1969 wurden erst 19 Müllverbrennungsanlagen betrieben. In ihnen wurde der Müll von etwa 10 Millionen Einwohnern verbrannt. Der meiste Müll wird jedoch nach wie vor in der Landschaft deponiert.

Schwer sind auch die Probleme zu lösen, die mit der Verunreinigung der Luft aufgeworfen werden. Die schädlichen Auswirkungen des Lärms aus Industrie und Verkehr nehmen ebenfalls ständig zu. Teilweise sind große Schutzanlagen erforderlich.

Es ist deutlich: Zur Lösung ist zweierlei notwendig; einmal Grund und Boden, Flächen, über die noch verfügt werden kann, zum anderen Geld zum Bau der erforderlichen Anlagen.

Hartnäckig hält sich die Meinung, man könne den Problemen der Verdichtungsräume am besten dadurch begegnen, daß man der Verdichtung selbst entgegenwirkt und eine Entballung fördert. Das jedenfalls ist ausgesprochenes oder unausgesprochenes Ziel mancher Verantwortlicher in Bund und Land. Die städtische Ballung wird als Entartung gesehen, die ländliche Idylle gepriesen. Problematisch ist in diesem Zusammenhang

beispielsweise der Finanzausgleich im Lande Baden-Württemberg. Im Vordergrund stand seit der Schaffung des Südweststaats die Stärkung der Finanzkraft der kleineren Gemeinden. Die berechtigte Forderung nach Gleichwertigkeit der Lebensverhältnisse in Stadt und Land könnte eine bevorzugte Verbesserung der Finanzausstattung der kleineren Gemeinden als richtig erscheinen lassen. Es darf jedoch nicht übersehen werden, daß die Gemeinden mit größerer Einwohnerzahl differenziertere Leistungen für ihre Einwohner und für die Einwohner der Umlandgemeinden zu erbringen haben. Während bis 1962 die Schlüsselzuweisungen des Landes an die Gemeinden zur Hälfte nach dem Verhältnis der Einwohnerzahl und zur Hälfte nach mangelnder Steuerkraft errechnet wurden, wurde seit 1962 die Masse, die nach mangelnder Steuerkraft verteilt wird, wesentlich verstärkt, während die Finanzzuweisungen nach der Einwohnerzahl für alle Gemeinden nivelliert wurden. Die Zuweisung nach mangelnder Steuerkraft an Gemeinden unter 1 000 Einwohnern steigerte sich von 1954 bis 1968 um 1 400%. Demgegenüber stiegen die Schlüsselzuweisungen nach mangelnder Steuerkraft an die Gruppe der größten Gemeinden nur um 310%. Bei den kleinen Gemeinden gehen die Schlüsselzuweisungen heute über ihr eigenes Steuereinkommen hinaus. Sie leben überwiegend von den Finanzzuweisungen. Bei den großen Städten machen die Finanzzuweisungen dagegen nur 11% ihres eigenen Steueraufkommens aus (vgl. Städteverband Baden-Württemberg). Im Jahre 1970 wurde in Stuttgart (in den Stuttgarter Finanzamtsbezirken einschließlich 12 Fildergemeinden) 3,9 Milliarden DM Gemeinde-, Bundes- und Landessteuern aufgebracht. Davon waren nur 0,46 Milliarden DM Gemeindesteuern, also knapp 12% des Gesamtaufkommens (nach einer nicht veröffentlichten Erhebung der Stadt Stuttgart, St/RPI. v. 21. 6. 1971). Es ist selbstverständlich, daß strukturschwache Räume von den Verdichtungsräumen mitgetragen werden. Ist es aber richtig, daß den Verdichtungsräumen nur ein so kleiner Prozentsatz der in ihnen erwirtschafteten Steuern zur Erfüllung ihrer Aufgaben verbleibt?
Entballung ist kein diskutables Ziel. Die Verdichtung muß nicht zwangsläufig zu einer inhumanen Lebensform führen; sie ist unsere einzige Chance: Will die Bundesrepublik eine hochindustrialisierte Nation mit hohem Lebensstandard bleiben, gibt es keine Rückkehr zur dörflichen Idylle. Aussichten auf

eine Verbesserung der Lebensverhältnisse sind vielmehr in der technisch-ökonomischen und gesellschaftlichen Entwicklung begründet, die die Verdichtung schafft, sie aber auch voraussetzt.

Es kann daher eine Lösung der Verdichtungsprobleme nur dadurch geben, daß die Verdichtungstendenzen sich nicht nur auf die heutigen Verdichtungsräume konzentrieren, sondern durch Schaffung neuer und Stärkung vorhandener Oberzentren umgelenkt werden. Darüber hinaus ist es notwendig, daß die positiven Auswirkungen der Ballung gefördert werden und die Städte lernen, die negativen Auswirkungen der Ballung zu beherrschen. Dazu sind weitere Erkenntnisse der Wissenschaft vom Städtebau notwendig. Außerdem muß eine Politisierung des Geschehens in den Gemeinden stattfinden, für die der Gesetzgeber die Voraussetzungen und den Spielraum schaffen sollte. Die Kommunalpolitiker müssen deswegen die gesellschaftliche Relevanz ihrer Entscheidungen stärker als bisher erkennen – besonders bei der Stadtplanung.

Der Gesetzgeber muß endlich ein soziales Bodenrecht schaffen. Im Städtebaubericht 1969, S. 51, heißt es lapidar:

- »Wegen des unzureichenden Boden- und Enteignungsrechts mit seinen langwierigen Verfahren können zur Zeit Umstrukturierungen und Erweiterungen der Verkehrsflächen, die für die Verbesserung der Verkehrsverhältnisse in den Gemeinden notwendig sind, nur unter großen Schwierigkeiten durchgeführt werden.«

  Muß das, kann das so bleiben?

A 5 Bodenrecht und Volkswirtschaft

Die Bedeutung des Bodens für die Gesamtwirtschaft wird heute oft übersehen, meist unterschätzt, selten überbewertet. Es geht nicht nur um die gesamtwirtschaftliche Bedeutung des Wirtschaftsgutes Boden innerhalb einer Volkswirtschaft, sondern zugleich um die Frage, nach welchen Regeln der Boden innerhalb eines gegebenen Systems verteilt und genutzt wird.
Der Boden ist knapp. Die Knappheit hat sich in den vergangenen Jahren nicht verringert; im Gegenteil, es wird immer schwieriger, den Bedarf an Boden zu decken. Das hat verschiedene Ursachen:

- Die Bevölkerungsdichte hat in den vergangenen drei Jahrzehnten drastisch zugenommen. Rund elf Millionen Menschen sind als Flüchtlinge und Vertriebene in das Gebiet der Bundesrepublik gekommen; außerdem leben in der BRD etwa drei Millionen ausländische Arbeitnehmer.
- Der Bodenbedarf der öffentlichen Hand für Gemeinschaftseinrichtungen wie Schulen, Kindergärten, Spielplätze, Verkehrsanlagen usw. steigt laufend.
- Der Bodenbedarf für Wohnungen ist weit davon entfernt, seinen Sättigungspunkt erreicht zu haben. Bei der Aufstellung des langfristigen Wohnungsbauprogramms hat die Bundesregierung die Situation analysiert (Bulletin vom 10. September 1971): In der Bundesrepublik gibt es »800 000 Haushalte ohne eigene Wohnung«, »eine Million Wohnungen, die wohnunwürdig oder abbruchreif sind« und »einen jährlichen Neubedarf von rund 300 000 Wohnungen, der zum großen Teil durch die Gründung neuer Familien bedingt ist«.
- Durch höhere Lebenserwartung und steigenden Wohnungsanspruch der Bürger sowie durch Zuwanderung von Arbeitskräften, aber auch durch Zweckentfremdung von Wohnraum ergibt sich ein zusätzlicher Bedarf an Wohnungen.

- Der Bodenbedarf der Wirtschaft wird nicht zum Stillstand kommen. Insbesondere in den Kerngebieten der Ballungsräume entsteht eine zunehmend ungleiche Konkurrenz zwischen Wohnungen und tertiärem Sektor: »Diese Veränderungskonkurrenz führt zu einer tendenziellen Abwanderung der Wohnbevölkerung an die Peripherie der Städte« (Städtebaubericht 1970, S. 46).

Dieser wachsenden Nachfrage an Boden steht ein beschränktes Angebot gegenüber. Auch eine vermehrte Erschließung kann das Problem nicht lösen, ganz zu schweigen von der dadurch bedingten finanziellen Belastung der Gemeinden.

Fast jeder Anbieter von Boden befindet sich in der Situation eines Monopolisten. Wenn er sich mit seinen »Nachbarn« einig ist, kann er innerhalb breiter Grenzen bestimmen, welcher Preis zu bezahlen ist. Falls seine finanziellen Forderungen nicht auf Anhieb erfüllt werden, führt die Zurückhaltung seiner Grundstücke vom Markt im Regelfall zum Erfolg. In der Bundesrepublik wird auf das »freie Spiel der Kräfte« vertraut, wobei man übersieht, daß die Kräfte am Markt so ungleich sind, daß ein freies Spiel gar nicht möglich ist.

Diese Erkenntnis findet nur langsam Eingang in die Theorie der Volkswirtschaft. So findet sich beispielsweise in einem über 1000seitigen, vierbändigen Standardwerk über die Wirtschaftstheorie ein einziger Abschnitt von drei Seiten, der sich mit dem Bodenmarkt beschäftigt. Darin werden einige Allgemeinplätze formuliert, teilweise unter Verwendung eines mathematischen Instrumentariums, das mehr vernebelt als erklärt. Am Schluß des Abschnitts steht dann jener denkwürdige Satz: »Der Unterschied zwischen Boden und anderen Sachkapitalgegenständen liegt allein darin, daß der Boden im Gegensatz zu den letzteren nicht beliebig reproduzierbar ist« (Schneider 1961, S. 381).

Diese Art der Diskussion ist in der Volkswirtschaftstheorie weit verbreitet. Erst in jüngster Zeit schenkt man den Entwicklungen und Mechanismen des Bodenmarktes mehr Aufmerksamkeit (zum Beispiel Münch 1968).

Die derzeitige Preisentwicklung auf dem Bodenmarkt sieht in statistischen Durchschnittszahlen folgendermaßen aus: »Rund 100 Milliarden DM haben bundesdeutsche Grundstückseigentümer seit dem Krieg an Wertzuwachs kassiert, indem sie nichts anderes taten, als auf ihrem Grund und Boden sitzen zu bleiben und zu warten« (Wohnreport 1971, S. 28). Dazu eine Ver-

gleichszahl: Der Wertzuwachs von Grund und Boden durch die Umwandlung von Ackerland in Bauland übersteigt in den Jahren 1960 bis 1969 die gesamten Aufwendungen von Bund, Ländern und Gemeinden für den sozialen Wohnungsbau; dies ergab eine Untersuchung von Tieman (Politisch-Parlamentarischer Pressedienst vom 26. 11. 1970).
Die Preisentwicklung auf dem Bodenmarkt verläuft stürmischer als auf anderen Märkten. Für den Zeitraum von 1958 bis 1964 ergeben sich folgende durchschnittliche Steigerungsraten (Pohl 1969/II, S. 61):

Bodenpreise	420%
Baupreise	150%
Lebenshaltungskosten	125%
Einkommen	160%

Angesichts dieser Zahlen wird den »Vermögenden« die Flucht in den Boden geradezu aufgezwungen. Dabei gilt für viele Menschen in unserem Land die Daumenregel: Je höher die Inflationsrate, desto größer der Drang und die Nachfrage nach sicheren Sachwerten; dabei steht der Boden an der Spitze dieser Sachwerte. Mit anderen Worten: Je größer die Inflationsangst der Menschen, desto stärker die Nachfrage nach Boden und desto höher die Bodenpreise. Diese Preisentwicklungen haben kaum etwas mit dem Bedarf zur Nutzung dieses Bodens zu tun. Sie sind durch die Struktur unserer Wirtschaftsordnung und die dadurch vermittelten »Erwartungen« verursacht.
Die Bodenpreisentwicklung hat sich in den vergangenen Jahren keineswegs beruhigt. Alle Anzeichen deuten vielmehr darauf hin, daß die Bodenpreisentwicklung, falls nicht entscheidende Maßnahmen ergriffen werden, in Zukunft noch heftiger verlaufen wird. Jedenfalls kann nicht damit gerechnet werden, daß die Preissteigerungen auf dem Bodenmarkt ohne gesetzliche Maßnahmen geringer werden können. Diese Preisentwicklung trifft nicht alle Teile der Bevölkerung gleichermaßen; beispielsweise »reagiert der Wohnungsbau empfindlicher als der Arbeitsstättenbau« (Städtebaubericht 1970, S. 25). Der soziale Wohnungsbau steht bereits heute in den Ballungsgebieten vor kaum überwindbaren Schwierigkeiten. Vielfach scheitert er an den überhöhten Bodenpreisen. Dies bekommen vor allem einkommensschwache Schichten der Bevölkerung zu spüren. Sie sind oftmals nicht in der Lage, die Mieten des freien Wohnungsmarktes zu bezahlen, die in Ballungsgebieten auf Grund der

überhöhten Bodenpreise entstehen. Denn die unmittelbare Folge der überproportionalen Steigerung der Bodenpreise ist, daß der Anteil der Grundstückspreise an den Gestehungskosten einer Wohnung in den vergangenen Jahren laufend gestiegen ist. Bei einer Untersuchung der Stadt Stuttgart zu diesem Thema aus dem Jahr 1970 am Beispiel einiger größerer Projekte zum Bau von Eigentumswohnungen ergab sich folgendes Bild (Amtsblatt der Stadt Stuttgart vom 15. Oktober 1970):

Grundstückskosten DM/qm	Verkaufspreis der Wohnung DM/qm	Anteil der Grundstückskosten an Wohnfläche in DM/qm	in %
346	1 550	540	35
475	2 000	528	26
570	1 550	633	41
585	1 430	556	39
835	1 700	928	55

Das gilt ähnlich für den Anteil der Grundstückskosten an den Neubaumieten. Steigende Neubaumieten ziehen aber auch die Altbaumieten nach oben.

Eine unveröffentlichte Forschungsarbeit über die Entwicklung auf diesem Gebiet in den Vereinigten Staaten zeigt ein ähnliches Bild: Dort machten 1969 die Bodenpreise im Landesdurchschnitt 25% der gesamten Gestehungskosten für eine Wohnung aus. In Israel, wo die Bodenpreise ähnlich gestiegen sind wie in der Bundesrepublik, schwankt der Anteil der Grundstückskosten an den Gestehungskosten des privaten Wohnungsbaus zwischen 25 und 33%. Im Landesdurchschnitt ergaben sich rund 35% (Darin-Drabkin, S. 171). In einem unveröffentlichten Forschungsbericht der Economic Commission for Europe (ECE) aus dem Jahre 1963 ergeben sich für Schweden, das sehr weitgehende Instrumente zur öffentlichen Steuerung des Bodenmarktes einsetzt, ganz andere Zahlen: dort beträgt der Anteil der Grundstückskosten im Landesdurchschnitt rund 6%; für kleinere Wohnhäuser liegt er in der Größenordnung zwischen 10 und 15%.

Angesichts dieser Zahlen wirkt es grotesk, wenn der Zentralverband der deutschen Haus- und Grundeigentümer im Jahre

1970 in einer Streitschrift »Aktuelle Aussagen zur Wohnungswirtschaft« schreibt: »Nicht das Versagen eines marktwirtschaftlichen Systems hat auf dem Wohnungssektor zu unerfreulichen Erscheinungen geführt, sondern gerade die Aufgabe marktwirtschaftlicher Grundsätze.« Diese Behauptung ist bei einem internationalen Vergleich nicht haltbar.
Die übertriebenen Preissteigerungen auf dem Bodenmarkt haben in der Bundesrepublik in einer Vielzahl von Fällen zu Fehlentwicklungen geführt, die sich auch in der Zukunft nur noch teilweise und mit großem Aufwand überwinden lassen. Dies gilt insbesondere, wie im Städtebaubericht 1970 der Bundesregierung bereits an verschiedenen Stellen erwähnt wurde, für folgende Bereiche:

- Schulen, Straßen, Krankenhäuser, Erholungsanlagen und Spielplätze können nicht rechtzeitig und nicht in dem erforderlichen Umfang gebaut werden.
- Der Wohnungsbau wurde durch die steigenden Bodenpreise in einem Maß verteuert, das durch nichts zu rechtfertigen ist; der soziale Wohnungsbau kommt in Ballungsgebieten zum Erliegen.
- Sowohl kleinere Gewerbebetriebe als auch Wohnungen zu angemessenen Mieten werden aus den Stadtzentren verdrängt.
- Maßnahmen zur städtebaulichen Erneuerung und Erweiterung werden durch die tatsächliche Preisentwicklung, beziehungsweise durch die Preiserwartungen der Eigentümer erschwert und verzögert.

In einer Analyse der Bodenordnung der Bundesrepublik kommen Ohlmer und Walper zu dem Schluß: »In ihrer Gesamtheit ist unsere Bodenverfassung derzeit so konstruiert, daß sie eine über das Nutzungsinteresse hinausgehende Nachfrage am Bodenmarkt auslöst, weil der Boden wie kein anderer Vermögenswert dazu geeignet ist, große Gewinnerwartungen als langfristiges Anlagegut zu begründen« (Ohlmer/Walper 1969, S. 31).

Der naive Glaube an den marktwirtschaftlichen Ausgleich von Angebot und Nachfrage nach Boden wird nur noch von Lobbyisten und Ideologen unkritisch verkündet. Zu kraß sind die Mißstände. Selbst die Süddeutsche Zeitung schreibt: »Deswegen muß man in einer immer mehr sich verstädternden Gesellschaft die Beschaffung von Grund und Boden in Stadtzonen aus dem unbarmherzigen Angebot-Nachfrage-Spiel ausgliedern, und das heißt im Klartext: Eingriffe in das Bodeneigentum sind nötig« (Leicht 1970).

Man muß wissen: »Nicht Boden an sich ist knapp, sondern Boden in bestimmter Lage und mit bestimmter Verwendungsmöglichkeit« (Städtebaubericht 1970, S. 42).

Das sogenannte »freie Spiel der Kräfte« führt in eine Sackgasse: Der Boden wird nicht entsprechend »dem Wohl der Allgemeinheit« genutzt; dieser »Markt« kennt kein Wohl der Allgemeinheit, er richtet sich nach den Interessen der einzelnen Eigentümer.

Die Frage wird immer häufiger und drängender gestellt: Sind die Voraussetzungen für eine Marktwirtschaft im Hinblick auf das Wirtschaftsgut Boden überhaupt gegeben? Die kritischen Erwägungen auf diese Frage konzentrieren sich vor allem auf folgende drei Bereiche:

- Das Angebot an Boden in einer bestimmten Lage für eine bestimmte Nutzung ist begrenzt und nicht vermehrbar. Jeder Anbieter ist also in einer monopolähnlichen Situation. Das ist im Fall von neuem Bauland offensichtlich. Es gilt aber auch im gleichen Maße für bereits bebautes Land. Zu Recht weist Pfeiffer darauf hin, daß Wertveränderungen des Bodens in der Betriebskalkulation nur sehr bedingt ihren Niederschlag finden. Das führt zu einer Situation, die entscheidenden Voraussetzungen und Bedingungen einer Marktwirtschaft entgegensteht. »Steigt der Wert eines Grundstückes, so hat das keine direkten Folgen für die Kalkulation des Unternehmers. Er kann eine traditionelle Nutzung aufrechterhalten. Die Rendite auf sein eingesetztes Kapital bleibt erhalten, obwohl die Nutzung des Produktionsfaktors nicht mehr herrschender Knappheit entspricht ... Der Eigentümer wird durch diese Fehlausnutzung auch noch belohnt, denn das Angebot an Standortboden wird künstlich verknappt, was schnellere Preissteigerungen begünstigt« (Pfeiffer 1969, S. 33). Das zeigt, daß die Voraussetzungen für eine marktwirtschaftliche Nutzung des Bodens nicht gegeben sind.
- Der Boden unterscheidet sich von fast allen anderen Wirtschaftsgütern außerdem dadurch, daß es keinerlei Ersatzgut für ihn gibt. Wenn Kartoffeln knapp werden, so lassen sie sich durch Teigwaren ersetzen. Eine ähnliche Kontrollfunktion kann die Marktwirtschaft beim Boden nicht erfüllen,

weil der Boden durch kein anderes Wirtschaftsgut ersetzt werden kann.

- Der Boden kann nicht transportiert werden. Wenn beispielsweise Bauland in Stuttgart benötigt wird, dann nützt es wenig, daß auf der Schwäbischen Alb Boden in fast beliebigem Umfang zur Verfügung steht. Es gibt eben keinen Wettbewerb beim Angebot von Boden.

Aus diesen Gründen stellt sich die Frage, »inwieweit die Gesellschaft dem Marktmechanismus die Lösung dieser Probleme im Hinblick auf die Sonderstellung des Bodens in der sozialen Marktwirtschaft überlassen will und kann« (Städtebaubericht 1970, S. 40). Die vorsichtige Verlautbarung in dieser Erklärung der Bundesregierung muß im Zusammenhang damit gesehen werden, daß die Bevölkerung immer noch von bestimmten Interessengruppen in dem Glauben bestärkt wird, es gäbe einen Bodenmarkt. Nur wenige Politiker formulieren so klar wie die Bundestagsabgeordnete Hedwig Meermann. »Der Bodenmarkt funktioniert nicht. Er kann auch nicht funktionieren; denn Grund und Boden sind unvermehrbar und unentbehrlich. Außerdem gibt es dort, wo Bauland gebraucht wird, nie eine Konkurrenz der Anbieter« (Interview mit dem Schwarzwälder Boten im Februar 1971). Wie immer mögliche Lösungen im einzelnen aussehen mögen, sicher ist bereits heute, daß sich die öffentliche Hand bei der Verwendung des Bodens stärker engagieren muß. Für eine Bodenpolitik der öffentlichen Hand müssen folgende Ziele gelten:

- Der Preis bei Kauf oder Pacht von Bauland muß hinsichtlich seiner jährlichen Steigerungen unterhalb der Durchschnittsziffern anderer Vermögensgüter liegen. Andernfalls wird der Boden weiterhin das privilegierte Anlageobjekt bleiben.
- Die Steuerung der Bodennutzung muß die Grundstücksspekulation verhindern. Das wird heute von fast allen Politikern gefordert. Aber nur wenige sind so ehrlich zu sagen, daß dies nur zu verwirklichen ist, wenn weitgehende Eingriffe in das Eigentumsrecht des einzelnen gesetzlich ermöglicht werden.
- Die Wertsteigerungen an Grundstücken sind abzuschöpfen und der öffentlichen Hand zuzuführen, denn diese Wertsteigerungen sind durch Erschließungsmaßnahmen und Infrastrukturinvestitionen der öffentlichen Hand erbracht worden.

Die strukturellen Ungerechtigkeiten, die bei der bestehenden Steuerung des Bodenmarktes zwangsläufig sind, werden vor allem auf die öffentlichen Haushalte abgewälzt, und dabei stehen wiederum die Gemeinden an erster Stelle. Dieser Mißstand wurde vom Münchner Oberbürgermeister Vogel immer wieder öffentlich angeprangert: »Allein die Stadt München mußte in den vergangenen zehn Jahren für ihren Grundbedarf zum Bau von Gemeinschaftseinrichtungen (Straßen, Schulen, Grünanlagen usw.) 612 Millionen DM aufwenden. Bei gleichbleibenden Preisen wären für dieselben Erwerbungen nur etwa 117 Millionen DM notwendig gewesen. Fast eine halbe Milliarde – oder 75% – wurden hier an der Allgemeinheit verdient ... Doch immer wird so getan, als ob der Grund und Boden eine beliebig reproduzierbare Ware sei. Diesem Anachronismus, der beispielsweise beim Wasser schon lange überwunden ist – seine Erschließung, Entnahme und sein Verbrauch unterliegt strengen öffentlichen Kontrollen – wird bei Grund und Boden immer noch gehuldigt. Keiner darf Trinkwasser zum Gegenstand spekulativer Manipulationen machen. Aber bei Grund und Boden ist nahezu alles erlaubt« (Vogel 1968, S. 130).
Die Gemeinden werden dreimal zur Kasse gebeten:

- Sie müssen die Infrastrukturinvestitionen bezahlen, wie beispielsweise die überörtlichen Erschließungskosten, aber auch den Bau von Schulen, Krankenhäusern, Kindergärten usw ...
- Beim Erwerb des Bodens für die Infrastruktur sind sie gezwungen, die Wertsteigerungen der Grundstücke, die durch die öffentlichen Investitionen entstehen, noch einmal zu bezahlen.
- Um eine ausgewogene Gemeindeentwicklung zu ermöglichen, müssen die Gemeinden teuer erschlossene Gebiete häufig zu Subventionspreisen an ansiedlungswillige Unternehmer oder für den sozialen Wohnungsbau zur Verfügung stellen. Solche Maßnahmen belasten die Gemeindehaushalte nochmals.

Diese Faktoren haben dazu geführt, daß die Gemeinden immer seltener als Käufer von Grundstücken auftreten. Dies zeigt deutlich eine Statistik, die die Entwicklung der Grundstücksankäufe aller Gemeinden mit mehr als 50 000 Einwohnern ausweist (Münch 1968, S. 98):

1962 – 39,162 Mio qm
1963 – 35,499 Mio qm
1964 – 33,520 Mio qm
1965 – 33,726 Mio qm
1966 – 24,091 Mio qm

Parallel mit dieser Entwicklung gehen auch die Enteignungen in der BRD zurück (Münch 1968, S. 95). Das ist einer der Gründe, weshalb die Infrastruktur der Gemeinden den heutigen Anforderungen nicht mehr gewachsen ist.

Wenn es auch richtig ist, daß der existierende Bodenmarkt weder den marktwirtschaftlichen Prinzipien noch den gesellschaftlichen Bedürfnissen entspricht, so ist doch unbestreitbar, daß er nicht zuletzt durch die rapiden Preissteigerungen eine ökonomische Bodennutzung erzwingt, das heißt Landverschwendung zu einem kostspieligen Luxus werden läßt. Vorschläge zur Reform des Bodenrechts sind deshalb auch daran zu messen, ob sie die Verschwendung von Boden durch Private und durch die öffentliche Hand verhindern.

Auf einem »gereinigten« Bodenmarkt wird sich verstärkt das Problem stellen, in welchem Umfang es zu einer Konzentration des Bodeneigentums bei den kapitalkräftigen Unternehmen kommen wird. Bei der Bildung von Kleineigentum (Eigenheim, Eigentumswohnung) ist bereits heute eine Konzentration der Zwischenhändler (Entwicklungs- und Wohnungsbaugesellschaften) nachweisbar, die den Markt unter sich aufteilen und die eigentlichen Gewinner der breiteren Streuung des Bodeneigentums sind.

A 6 Der Boden im Steuersystem

Mit Grundstücken läßt sich's gut verdienen. Keine Geldanlage ist so risikolos wie Grund und Boden. Wer sein Geld in Grundstücken anlegt, wird von unserem Steuersystem bevorzugt. Dies bleibt nicht ohne Folgen. Die Nachfrage nach Boden ist größer als der Bedarf an Bauland, weil die Vorteile auf der Hand liegen. Die Preise müssen deshalb explodieren. Dafür gibt es viele Beispiele, aber keine aussagekräftige Statistik. In den vergangenen zehn Jahren »stiegen die Bodenpreise weit überproportional zu dem Anstieg der Lebenshaltungskosten« (Städtebaubericht 1970, S. 42).

Fast ohne Ausnahme werden diese »Schlupflöcher« in unseren bestehenden Gesetzen von Großverdienern in Anspruch genommen. So besitzt beispielsweise der Münchner Multimillionär August von Finck im unmittelbaren Umland von München 20 Millionen qm Bauerwartungsland. Das Gebiet hat 1970 eine durchschnittliche Wertsteigerung von 20 DM je qm erfahren. Diese Tatsache kommentierte der bayerische SPD-Landtagsabgeordnete Kronawitter mit folgenden Worten (Welt der Arbeit vom 19. 3. 1971, S. 3): »Jeden Morgen, wenn Herr von Finck wach wurde, dürfte er um 1 Million reicher geworden sein – auf ganz legale Weise, ohne Arbeit, ohne Leistung, ohne eigenes Zutun.« Das Skandalöse an diesen Gewinnsteigerungen besteht darin, daß sie steuerlich nicht erfaßt werden. Eine derartige Begünstigung macht den Boden zu einem bevorzugten Anlageobjekt.

Das geltende Steuerrecht verzichtet beispielsweise darauf, einen realen Vermögenszuwachs des Bodens zu besteuern, sofern er nicht in Geldvermögen umgesetzt wird. Diese Bestimmung, die ursprünglich wegen des besonderen Charakters des Wirtschaftsgutes Boden vor allem für die Landwirtschaft und zur Vermeidung steuerlich verursachter Bodenpreissteigerungen eingeführt wurde, hat sich mittlerweile ins Gegenteil verkehrt: Unser Steuerrecht privilegiert den Boden als Anlagegut, schafft dadurch verstärkte Nachfrage nach Boden und provoziert auf diese Weise zusätzliche Bodenpreissteigerungen, die in der Regel steuerfrei realisiert werden. Das Risiko bleibt ausgeschlossen. Der Kreislauf schließt sich.

Die Folgen sind verhängnisvoll: »Der Boden als Anlagegut erfordert keine Lagerkosten, keine Verarbeitungs- und kaum Vermarktungskosten und bringt doch – steuerfrei! – die unwahrscheinlichsten Gewinne, weil sein Wert durch öffentliche Investitionen und durch die fortschreitende Verknappung ohne jedes Eigentümerrisiko ständig vermehrt wird. Deshalb ist der Boden so begehrt, deshalb wird Boden in größerem Maße erfragt als wirklich genutzt, deshalb wird mehr Boden vom Markt zurückgehalten, als der einzelne Eigentümer benötigt« (Ohlmer/Walper 1969, S. 10). Und im Städtebaubericht 1970 heißt es auf Seite 42: »Insgesamt führen die Eigenarten des geltenden Steuerrechts zu Vorteilen für die gegenwärtigen Eigentümer von Grundstücken ... Eine wesentliche Ursache liegt darin, daß Grundstücke in der Regel risikolose Anlagegüter sind, die Jahr für Jahr um einen beachtlichen Prozentsatz an Wert zunehmen ... Beim einzelnen Grundstück ergeben sich – insbesondere am Rande von Verdichtungsgebieten – bei künftigem Bauland Wertsteigerungen um 100 bis 1 000 Prozent.« Der Bundeswohnungsbauminister wurde deutlicher: Das herrschende Steuerrecht bestraft die Grundstücksspekulanten nicht, sondern es leistet ihnen geradezu Vorschub (Der Spiegel, 18. 1. 1971). Nach einer Schätzung des Bundesministeriums für Städtebau und Wohnungswesen werden von 1971 bis 1980 etwa 50 bis 80 Milliarden DM Gewinne dadurch entstehen, daß Ackerland in Siedlungsland überführt wird; diese Werterhöhungen kommen einer kleinen Gruppe von Bodeneigentümern zugute (Lauritzen 1971/II, S. 2).

Es lohnt sich, unsere Steuergesetze einmal genauer unter die Lupe zu nehmen.

Das geltende Steuerrecht verursacht in vielerlei Hinsicht Mißstände und Ungerechtigkeiten im Hinblick auf den Vermögenswert Boden. Besonders deutlich wird dies am *Einheitswert.* Das ist jener Wert für Grundstücke und Gebäude, der bei der Berechnung der Steuern zugrunde gelegt wird: bei der Grundsteuer, Vermögensteuer, Einkommensteuer, Erbschaftsteuer,

teilweise bei der Gewerbesteuer und bei einigen anderen kleinen Steuern und Abgaben.
Dieser Einheitswert kommt folgendermaßen zustande: Der Gesetzgeber legt in einem Bewertungsgesetz fest, daß der jeweilige Wert der Grundstücke und Gebäude an einem bestimmten Stichtag als Einheitswert gilt. Solche Bewertungsgesetze wurden in den Jahren 1925, 1931 und 1934 verabschiedet. Die Einheitswerte aus dem Jahre 1935 gelten heute – im Jahr 1972 – immer noch, da in der Zwischenzeit trotz gesetzlicher Vorschriften (Bewertungsgesetz 1934) auf die Festlegung neuer Einheitswerte verzichtet wurde. Zunächst – im Jahre 1939 – wurde dies damit begründet, daß während des Krieges die dafür notwendigen Arbeiten nicht bewältigt werden könnten; später – bei der Währungsreform, aber auch in der Folgezeit – verzichteten die gesetzgebenden Körperschaften auf eine Neubewertung, obwohl die jeweiligen Bundesregierungen mehrmals einen Anlauf dazu unternahmen; beispielsweise in den Jahren 1956 und 1959. Aber keine der im Bundestag vertretenen Parteien drängte auf eine abschließende Beratung: »Zu groß waren die Widerstände gegen eine Neubewertung des Grundbesitzes« (Rössler/Troll 1968, S. 193). Es soll nicht verkannt werden, daß es unterschiedliche und ungleichgewichtige Motive für das Zögern der Parteien gab. Gemeinsam war ihnen jedoch die Absicht, die große Gruppe der Grundeigentümer nicht zu verunsichern. Erst ein Urteil des Bundesfinanzgerichts vom 5. November 1964 forderte den Gesetzgeber auf, neue Einheitswerte unter Berücksichtigung der inzwischen eingetretenen Wertveränderungen festzulegen, um eine realistischere Besteuerung zu ermöglichen (Rössler/Troll 1968, S. 193). Der Gesetzgeber mußte handeln. Als Stichtag wurde der 1. Januar 1964 festgelegt. Alle Einheitswerte müssen entsprechend den Wertverhältnissen zu diesem Stichtag ermittelt werden. Obwohl das damals – im Jahre 1965 – verabschiedete »Bewertungsänderungsgesetz« vorschreibt, daß die Einheitswerte für den Grundbesitz in Zeitabständen von 6 Jahren neu festgelegt werden müssen (§ 21 des Bewertungsgesetzes), ist die Festlegung der Einheitswerte zum Stichtag 1. 1. 1964 im Jahr 1972 noch nicht abgeschlossen. Man schätzt die Zahl der zu bewertenden Grundstücke auf rund 10 Millionen. Die »neuen« Einheitswerte aus dem Jahre 1964 werden erst 1974 als Grundlage für die Berechnung der Steuern dienen. Das führt zu

Ungerechtigkeiten und wirklichkeitsfremden Situationen. Beispielsweise hat vor kurzem ein Bauer am Münchner Stadtrand seinen Hof an die »Neue Heimat« verkauft. Der steuerliche Einheitswert betrug 12 000 DM. Die Neue Heimat bezahlte für das Gelände 20 Millionen DM bar und kaufte für den Bauern außerdem einen neuen Hof im Wert von 15 Millionen DM (Stuttgarter Nachrichten, 13. 1. 1971).

Aber selbst wenn die Einheitswerte neu festgelegt werden, ist noch keineswegs sichergestellt, daß sich das Steueraufkommen auch tatsächlich entsprechend verändert; denn in der Regel wird gefordert, daß die entsprechenden Steuersätze, Freibeträge und Hebesätze so verändert werden, daß – trotz verändertem Einheitswert – das Aufkommen aus den am Einheitswert orientierten Steuern konstant bleibt. Diese Forderung nach einer sogenannten »steuerneutralen« Erhöhung der Einheitswerte wird besonders lautstark vom Bauernverband und dem Haus- und Grundbesitzerverein vorgetragen; sie wird freilich auch von anderen Gruppen geteilt. Dies zeigte sich besonders deutlich bei der Verabschiedung des Gesetzes zur Neufestlegung der Einheitswerte im Jahr 1965: »Jedenfalls stellt Artikel 3 Abs. 1 BewÄndG 1965 sicher, daß die gegenwärtigen Steuertarife nicht automatisch auf die neuen Einheitswerte angewendet werden können. Vielmehr müssen die Steuersätze, die Freibeträge bei den einzelnen Steuern und die Steuermeßzahlen vor der ersten Anwendung der neuen Einheitswerte vom Gesetzgeber überprüft werden. Bei der Grundsteuer soll das Volumen der Steuermeßbeträge der Betriebe der Land- und Forstwirtschaft und der Steuermeßbeträge der bebauten Grundstücke jeweils ungefähr dasselbe bleiben wie bisher« (Artikel 3 Abs. 2 BewÄndG 1965).

Diese Vorschriften haben allerdings nur programmatischen Charakter. Sie binden nicht den Gesetzgeber. Er ist in seinen Entschlüssen frei. Hinsichtlich der Vermögensteuer und der Erbschaftsteuer hat der Bundestag in einer Entschließung zum Ausdruck gebracht, daß es nicht Zweck der Neubewertung sei, das Gesamtaufkommen aus diesen Steuern automatisch zu erhöhen (Bundestagsdrucksache IV/3508). Die Bundesregierung ist daher ersucht worden, im Zusammenhang mit der Anwendung der neuen Einheitswerte die Steuersätze und insbesondere die Freibeträge bei diesen beiden Steuern zu überprüfen (Rössler/Troll 1968, S. 197). Mit anderen Worten: Es soll lediglich eine Umschichtung zwischen den verschiedenen Grundstückseigentümern stattfinden.

Die Praxis der Behandlung der Einheitswerte führte zu der Feststellung: Die durch die Einheitswerte festgelegten Steuern bauen »auf manipulierten Werten auf, die mit den Verkehrswerten wenig und in vielen Fällen auch mit Gerechtigkeit nichts zu tun haben« (Pohl 1969/II, S. 58).

Das ist die Situation: Bei der Ermittlung der Steuern gilt der Einheitswert, im Fall der Enteignung muß von der öffentlichen Hand jedoch der Verkehrswert bezahlt werden; diese Ungerechtigkeit ist durch das Bundesbaugesetz vorgeschrieben, das in § 95 aussagt: »Die Entschädigung ... bemißt sich nach dem Verkehrswert des zu enteignenden Grundstücks.«

Die Gewinne aus Grundstücksgeschäften werden – von einigen wenigen Ausnahmen abgesehen – durch die *Einkommensteuer* nicht erfaßt. Folgende Regelungen des Einkommensteuergesetzes ermöglichen dies:

- Der Gewinn aus einer Veräußerung eines Grundstücks muß dann nicht versteuert werden, wenn zwischen Kauf und Verkauf dieses Grundstücks mehr als 2 Jahre vergangen sind. In einschlägigen Fachkreisen spricht man in diesem Zusammenhang von der Schamfrist. Diese Regelung ist heute – 1972 – geltendes Recht. Die entsprechenden Vorschriften finden sich in §§ 22 und 23 des Einkommensteuergesetzes.
- Veräußerungsgewinne von Unternehmen unterliegen dann nicht der Einkommensteuer, wenn sie wieder in Grund und Boden angelegt werden (§ 6b EStG).
- Der Verkauf von landwirtschaftlich genutzten Flächen mußte bis vor kurzem überhaupt nicht versteuert werden. Durch ein Urteil des Bundesverfassungsgerichts wurde 1970 festgelegt, daß »die unterschiedslose Privilegierung der Landwirte als mit dem Gleichheitsgrundsatz nicht vereinbar« angesehen werden muß (1 BvL 17/67). Dieses Urteil war also ein konkreter Auftrag an den Gesetzgeber. Das zweite Steueränderungsgesetz 1970 sollte diesem Auftrag Rechnung tragen; das geschah in einer sehr milden Form: Die Freibeträge wurden wesentlich erhöht, so daß lediglich der gewerbliche Spekulant erfaßt wird, der nur noch der Berufsbezeichnung nach Bauer ist.

Um einmal deutlich zu machen, welche Möglichkeiten das geltende Einkommensteuergesetz bietet, soll ein Beispiel ange-

führt werden, das vor kurzem durch die Presse ging: »Ein Frisör in Hameln kaufte in den 50er Jahren ein Altstadthaus auf 120 qm (Grundstücksfläche) für 9 000,–DM, 1969 forderte er von der Stadt 140 000,– DM dafür« (Stuttgarter Nachrichten, 13. 1. 1971). Der Veräußerungsgewinn, der bei einer reinen Betrachtung des Wertzuwachses 131 000,– DM betrug, unterliegt nach dem geltenden Steuerrecht keinerlei Besteuerung.
Grundlage für die Berechnung der *Grundsteuer*, einer der ältesten Steuern, die es gibt, ist wiederum der Einheitswert. Die Höhe der Steuer wird von der Gemeinde durch einen Hebesatz festgelegt. Dabei wird hinsichtlich der Hebesätze zwischen der Grundsteuer A (Land- und Forstwirtschaft) und der Grundsteuer B (bebaute und unbebaute Grundstücke) unterschieden.
Früher betrug der Anteil der Grundsteuer an den Einnahmen der Gemeinden 40 bis 50 %; durch die konstanten unrealistischen Einheitswerte ist der Anteil der Grundsteuer mittlerweile auf rund 10% gesunken. Auch für den einzelnen Eigentümer stellt die Grundsteuer heute im Regelfall keine nennenswerte Größe dar. »Die heutige Grundsteuer ist völlig irrelevant für die Grundstückspreise, im Gegenteil, sie ist so niedrig, daß sie geradezu ermutigt, Boden zu behalten« (Pohl 1969/II, S. 66).
Früher mußte beim Erwerb von Grund und Boden eine einheitliche *Grunderwerbsteuer* bezahlt werden; das war im Reichsgrunderwerbsteuergesetz festgelegt. Heute gehört dieser Bereich unseres Steuerrechts nach dem Grundgesetz zur konkurrierenden Gesetzgebung (GG Art. 74, Abs. 18). Da der Bund bis jetzt ein entsprechendes Gesetz nicht verkündet hat, ausgenommen einige Regelungen im Städtebauförderungsgesetz, gilt Landesrecht. Die meisten Bundesländer erheben eine Grunderwerbsteuer von 7%, die den Kreisen und Gemeinden zufließt. Es ist offensichtlich, daß diese Steuer vom Käufer zu tragen ist. Deswegen wirkt sie preissteigernd.
Viele Landwirte sind – so sagen Steuerberater – nach dem Urteil des Bundesverfassungsgerichts über die Besteuerung von Gewinnen aus dem Verkauf landwirtschaftlicher Grundstücke dazu übergegangen, in die Kaufverträge Klauseln über die Abwälzung sämtlicher Steuern einzubauen. Die Steuer ist nach diesen Kaufverträgen nachträglich vom Käufer zu entrichten, falls es zu solch einer Regelung kommen sollte. Am Beispiel der *Vermögensteuer* wird die Ungerechtigkeit besonders deutlich, von den wirklichkeitsfremden Einheitswerten auszugehen.

Wenn beispielsweise heute jemand ein Grundstück, dessen Einheitswert bei DM 40 000 liegt, für DM 200 000 kauft, so wird er nur mit DM 40 000, also dem Einheitswert, zur Vermögensteuer veranlagt. Hinzu kommt noch, daß Schulden im Zusammenhang mit diesem Wirtschaftsgut abgezogen werden können. Wenn auf dem Grundstück also beispielsweise eine Hypothek mit 40 000 liegt, so muß der Betreffende überhaupt keine Vermögensteuer bezahlen. Falls die Hypothek jedoch DM 100 000 beträgt, kann der Betreffende Vermögenswerte in Höhe von zusätzlich DM 60 000 besitzen, ohne Vermögensteuer bezahlen zu müssen. Diese Regelung unseres Steuerrechts führt zwangsläufig zu einer Vergrößerung der Nachfrage nach Boden. Außerdem werden dadurch andere Vermögenswerte laufend der Steuer entzogen.

Auch bei der *Erbschaftsteuer* werden die wirklichkeitsfremden Einheitswerte zugrunde gelegt, obwohl diese Steuer bei allen anderen Vermögensarten vom jeweiligen Verkehrswert ausgeht. Das führt wiederum zu einer Privilegierung des Bodens, ähnlich wie bei der Vermögensteuer.

Es ist noch zu erwähnen, daß die Gemeinden über Maßnahmen der Wirtschaftsförderung, aber auch durch die Höhe der *Gewerbesteuer* einen mittelbaren Einfluß auf die Preisentwicklung der Grundstücke ausüben. Eine niedrige Gewerbesteuer kann – wenn der Standort nicht ganz ungünstig ist – zu einer erhöhten Nachfrage nach Boden für gewerbliche Nutzung führen. Das gilt insbesondere für Gemeinden, die zwar im äußeren Einzugsbereich eines Ballungsgebietes liegen, aber verkehrsmäßig gut angeschlossen sind.

In der gegenwärtigen Diskussion um eine Neuordnung unseres Bodenrechts werden Vorschläge gemacht, den derzeitigen unsozialen Zustand durch eine Reform der bestehenden Steuergesetze entscheidend zu verändern. Man hat dabei häufig den Eindruck, daß die ungewollten Nebenwirkungen solcher Maßnahmen, vor allem die Steigerung der Bodenpreise und Mieten nicht genügend berücksichtigt werden. Lauritzen geht bei seiner Stellungnahme zu dieser Problematik sehr weit: »Jede scharfe Versteuerung von Wertsteigerungen in der geltenden Einkommensteuer wäre ein Schlag ins Wasser. Sie wäre gleichbedeutend mit einer Belastung der Gewinne im Verkaufszeitpunkt. Sie würde also in ihrer Wirkung einer erhöhten Grunderwerbsteuer gleichkommen. Die Steuerlast wäre bei den gegebenen Verhältnissen auf dem Grundstücksmarkt mit hoher Wahrscheinlichkeit überwälzbar, d. h., die Preise würden schneller steigen als ohne diese Steuer ... Deshalb können entscheidende bodenpolitische Reformen hier nicht ansetzen« (Lauritzen 1971/II, S. 4).

Diese Überlegung darf jedoch nicht dazu verleiten, eine Reform unseres Steuerrechts im Hinblick auf den Bodenmarkt grundsätzlich abzulehnen. Es muß jedoch davor gewarnt werden, allein in einem veränderten Steuerrecht ein wirksames Instrument zur Bekämpfung der Bodenspekulation oder gar zur Neuordnung des Bodenmarkts zu sehen, wie dies beispielsweise Genscher getan hat. Noch Anfang 1971 meinte er: »Worauf es heute ankommt, das ist eine scharfe Besteuerung des Spekulationsgewinns, damit im Geschäft mit Grund und Boden die Luft abgelassen wird« (Stern, 17. 1. 1971).

Genau darauf kommt es nicht an; vielmehr kann eine Veränderung des Steuerrechts immer nur begleitende Maßnahme sein, um bestimmte Wirkungen am Bodenmarkt hervorzurufen. Dies ergab auch die Untersuchung von Münch, der diesen Sachverhalt im internationalen Vergleich mit umfassendem Zahlenmaterial belegt (Münch 1968, S. 194).

Bei der Reform der steuerrechtlichen Vorschriften für den Bodenmarkt sollten deshalb stets folgende mögliche Ziele in die Überlegungen einbezogen werden, die sich zum Teil überschneiden, zum Teil in Konflikt miteinander stehen:

– Neutralität der steuerrechtlichen Vorschriften im Hinblick auf die Preisentwicklung für Grundstücke, das heißt Abschirmung von Käufern und Mietern gegenüber steuerlichen Belastungen.
  Wirkung des Steuerrechts zur Vergrößerung des Angebots an Grund und Boden, das heißt ein Verkaufsdruck durch steuerrechtliche Vorschriften.
– Erschließung von zusätzlichen Finanzquellen zur Finanzierung öffentlicher Infrastruktureinrichtungen durch steuerliche Abschöpfung realisierter und nichtrealisierter Wertsteigerungen der Grundstücke.
– Steuerrechtlicher Druck auf die Eigentümer, das Grundstück entsprechend der vorgesehenen Nutzung zu bebauen.
– Abbau der steuerlichen Privilegien für den Boden, um dadurch die spekulative, nutzungsfremde Nachfrage nach Boden zu eliminieren.

A 7 Die Bodenfrage in der öffentlichen Meinung

Wir sind in der Bundesrepublik Deutschland von einer sozialen Bodenordnung weit entfernt. Es gibt zahlreiche Einzelvorschläge zur Bodenreform; in anderen Staaten wurden Vorschläge verwirklicht, die als Anregung dienen könnten. Trotzdem geht die Reform unseres Bodenrechts nur schleppend voran. Denn Argumente zählen in dieser Auseinandersetzung nur bedingt: Die Bodenreform ist eine machtpolitische Auseinandersetzung: Zu Recht hat Müller darauf aufmerksam gemacht: »Ausgangspunkt müßte folgende Beobachtung sein: Die Interessen derer, die am Status quo festhalten wollen, sind organisiert. Diejenigen, . . . die ein Interesse an einer Änderung des Bodenrechts haben, sind unorganisiert, bzw. korrumpiert von der Erwartung, gelegentlich am großen Grundstücksgeschäft teilzuhaben« (Müller 1969, S. 53).
Diese gesellschaftliche Bedingung muß mit berücksichtigt werden, wenn man der Frage nachgeht, wie die öffentliche Meinung zu einer sozialen Bodenordnung steht. Das gilt auch für die großen Institutionen des Staates und der Gesellschaft.

Die Parteien: SPD kontra CDU/CSU

Wenn man vom Ahlener Programm absieht, das ja innerhalb der CDU mehr als eine Jugendsünde angesehen wird und von den entsprechenden Gremien weder behandelt noch angenommen wurde, dann findet sich die erste programmatische Äußerung der CDU in ihrem Programm von Hamburg aus dem Jahre 1953. Bereits dort tritt die CDU/CSU klar für eine Verteidigung des bevorrechtigten Status der Grundbesitzer ein. »Ein einheitliches Bodenrecht unter Anerkennung des Grundsatzes des privaten Eigentums muß schnell geschaffen werden«

(Mommsen 1960, S. 587). Das ist alles, was die CDU während jener Jahre zu diesem Thema zu sagen hat.

In einem Aktionsprogramm der SPD wird aus den Jahren 1952/54 gefordert: »Der Marktwert des zur Bebauung geeigneten Bodens steigt zur Zeit ... stark. Die Sozialdemokratische Partei wird die Bodenwirtschaft durch eine Neugestaltung des Bodenrechts so regeln, daß ... Preistreiberei und die Ausnutzung der Bodenwirtschaft als Quelle mühelosen Erwerbs ausgeschlossen werden« (Mommsen 1960, S. 651).

Diese Frontstellung – einerseits unverbindliche Erklärungen, die der Stabilisierung des Status quo dienen, andererseits Forderungen zur Reform der Bodenordnung – hält während der folgenden Jahre an. Im Hamburger Manifest der CDU aus dem Jahre 1957 findet sich keine Aussage zum Thema Bodenrecht und Bodenordnung; statt dessen wird die weite Verbreitung der Volksaktie propagiert (Mommsen 1960, S. 598). Dem stehen Forderungen zur Bekämpfung der Bodenspekulation im Godesberger Grundsatzprogramm der SPD aus dem Jahre 1959 gegenüber (Mommsen 1960, S. 685); es folgen Beschlüsse auf dem Parteitag der SPD 1960: »Die Zurückhaltung von Bauland ist durch gezielte Maßnahmen auszuschalten. Bodengewinne und Bodenwertsteigerungen sind zugunsten der Allgemeinheit abzuschöpfen« (Winter/Mainczyk 1968/II, S. 107).

Mitte der sechziger Jahre jedoch vollzieht sich ein gewisser Wandel in der programmatischen Diskussion innerhalb der beiden großen Parteien. Offensichtlich war das Problem mittlerweile von so großer gesellschaftlicher Dringlichkeit geworden, daß klarere Aussagen gefordert wurden. Die beiden großen Parteien halten zum Thema Raumordnung beziehungsweise Wohnungsbau in den Jahren 1965/66 Bundeskongresse ab. Dabei wird von der CDU zwar noch auf die »bisher erzielten Erfolge« des bestehenden Bodenrechts verwiesen, gleichzeitig jedoch für die Gemeinden ein vereinfachtes Vorkaufsrecht und ein Enteignungsrecht gefordert, das die Entschädigung für solche Werterhöhungen ausschließt, die beispielsweise durch die Aussicht auf Sanierung oder durch die Erwartung einer großen Entwicklungsmaßnahme entstehen (Winter/Mainczyk 1968/II, S. 113).

Die auf dem Wohnungs- und Städtebaukongreß 1965 von der SPD verabschiedeten Leitsätze zur Wohnungspolitik stellen den Artikel 14 des Grundgesetzes in den Mittelpunkt der Überlegungen. Die SPD verlangt, daß dem Verfassungsgrundsatz der Sozialbindung des Eigentums endlich Geltung verschafft wird, und zwar, indem

- den Gemeinden eine vorausschauende Bodenvorratspolitik ermöglicht wird,
- das gemeindliche Vorkaufsrecht ausgeweitet wird und
- der Wertzuwachs der Grundstücke, der durch Planungen und Investitionen der öffentlichen Hand bedingt ist, auch für die Allgemeinheit nutzbar gemacht wird (Winter/Mainczyk 1968/II, S. 110).

Diese Situation bleibt auch in den folgenden Jahren bestehen: Während Teile der CDU/CSU nur Schönheitsreparaturen, andere jedoch Änderungen der bestehenden gesetzlichen Grundlagen fordern, tritt die SPD immer stärker für eine weitgehende Neuordnung des bestehenden Bodenrechts ein. So fordert die SPD auf ihrem Parteitag im Jahre 1966 eine Änderung des bestehenden Bodenrechts unter Einschluß einer Reform des Bodeneigentums; und dazu gehört die Verhinderung ungerechtfertigter Preissteigerungen bei Bauland. Noch deutlicher heißt es in den Perspektiven der SPD im Übergang zu den siebziger Jahren: »Der moderne Städtebau wird gegenwärtig weitgehend durch ein veraltetes Bodenrecht behindert; die künftige Gesetzgebung muß die soziale Bindung des Eigentums an Grund und Boden funktionsfähig machen, um organischen Städtebau zu ermöglichen und die Bodenpreise und damit die Mieten zu stabilisieren« (Winter/Mainczyk 1968/I, S. 24).

Die FDP übte bei der Diskussion über die Bodenordnung in der Bundesrepublik lange erstaunliche Zurückhaltung. Für sie gab es dieses Problem offenbar nicht. Weder in ihrem Wahlprogramm aus dem Jahr 1953, noch im Berliner Programm von 1957 findet sich ein Hinweis darauf, wie sich die liberale Partei die Lösung der Bodenfrage vorstellt. Erst in jüngster Zeit ist die Diskussion dieses Themas innerhalb der FDP in Gang gekommen. Äußeres Zeichen dafür war eine Resolution, die der Kreisverband Frankfurt der FDP im März 1971 verabschiedet hat; darin heißt es: »Als Form der Herrschaftsgewalt über Grund und Boden kann das private Eigentum in seiner jetzigen rechtlichen und wirtschaftlichen Gestalt nicht mehr aufrechterhalten werden. Grund und Boden müssen in öffentliches Eigentum überführt werden. Das Privateigentum an Gebäuden wird dadurch nicht berührt. Die Überführung von Grund und Boden in öffentliches Eigentum ist alsbald in Angriff zu nehmen und sollte im Laufe von einem bis zwei Jahrzehnten abgeschlossen sein. Sie erfolgt gegen Entschädigung« (Frankfurter Rundschau vom 2. 4. 1971, S. 9). Diese Entschließung ist zwar für die FDP des Jahres 1971 eine Ausnahme, fast ein Ausrutscher; aber sie zeigt, daß man sich in dieser Partei in zunehmendem Maße gezwungen sieht, zum Bodeneigentum Stellung zu nehmen. Das geschieht auf dem Bundesparteitag in Freiburg im Oktober 1971. Dort fordert die FDP in einem aufsehenerregenden Beschluß auf Bundesebene (Bad. Neueste Nachrichten vom 28. 10. 1971):

- Den Gemeinden muß durch Vorkaufsrecht und gemeindliches Grunderwerbsrecht eine angemessene Bodenvorratspolitik ermöglicht werden.
- Das Verfahren der Enteignung ist durch die vorläufige Besitzeinweisung zu verbessern.
- Der Wertzuwachs des Bodeneigentums soll zum halben Einkommensteuersatz versteuert werden.

Dieser Beschluß war innerhalb der FDP heftig umstritten. Aber er fand auf dem Parteitag eine Mehrheit.

Die politischen Fronten: Gemeinden und Gewerkschaften gegen Grundbesitzer und Landwirte

Bei der Diskussion über das Bodenrecht verwirrt die Tatsache, daß der Mieterbund schweigt. Ton und Inhalt der Diskussion werden vom Zentralverband der Deutschen Haus- und Grundeigentümer bestimmt. Bereits im Jahre 1960 wird von diesem Verband die Möglichkeit des Abzugs von Boden im Umlegungsverfahren, die das Bundesbaugesetz bietet, scharf abgelehnt. Der Verband profiliert sich als ein bedingungsloser Verfechter der unumstrittenen Vorherrschaft der Grundbesitzer auf dem Bodenmarkt; er spricht in diesem Zusammenhang davon, daß das Planungsrecht auf keinen Fall zur »Erreichung vielleicht umstrittener Ziele des Bebauungsplans« dienen dürfe (Winter/Mainczyk 1968/II, S. 137).

Im selben Jahr lieferte der Deutsche Bauernverband zum Thema Baulandpreise einen offiziellen Diskussionsbeitrag, dem eine gewisse Originalität nicht abgesprochen werden kann: Die Steigerung der Baulandpreise sei im wesentlichen dadurch verursacht, daß der Wohnungsbau öffentlich gefördert wurde. »Alle diese Förderungsmaßnahmen haben zu laufend steigenden Baupreisen geführt, dabei auch zur Steigerung der Preise für das Bauland« (Winter/Mainczyk 1968/II, S. 129). Die Grundbesitzer und die Bauern marschieren Hand in Hand und stützen sich gegenseitig. So wird beispielsweise in einer Stellungnahme des Zentralverbands der Deutschen Haus- und Grundeigentümer aus dem Jahre 1968 der Bauernverband in Schutz genommen; im Hinblick auf die enormen Wertsteigerungen bei der Umwandlung von Ackerland in Bauland heißt es: »Mit der Veräußerung verliert aber zugleich auch der bisherige Eigentümer, der die Fläche landwirtschaftlich nutzte, seine Existenzgrundlage. Der Verkaufspreis muß daher auch eine entsprechende Entschädigung für den Existenzverlust beinhalten« (Winter/Mainczyk 1968/I, S. 49). Das Ja zur Spekulation versucht dieser Verband dann durch das Grundgesetz zu begründen. Die Stellungnahmen des Zentralverbands der Deutschen Haus- und Grundeigentümer sind gekennzeichnet durch:

- den unbedingten und durch nichts zu erschütternden Glauben an die Marktwirtschaft als Steuerungsmechanismus für Bodennutzung;
- den Ruf nach absolutem Schutz des Eigentums an Grund und Boden, das durch keinerlei Eingriffe beschränkt werden darf;
- das Lippenbekenntnis zur Sozialpflichtigkeit, die jedoch ganz eindeutig hinter dem Anspruch auf Privateigentum zurücksteht: »Der tragende Gehalt der das Eigentum schützenden Grundrechtsvorschrift des Art. 14 darf nicht unter Berufung auf die Sozialpflichtigkeit des Eigentums unterlaufen werden« (Winter/Mainczyk 1968/I, S. 45).

In jüngster Zeit wurden diese Forderungen noch mit populärem ideologischen Beiwerk versehen. So wird etwa Bundesminister Leber vom Zentralverband der Deutschen Haus- und Grundeigentümer unterstellt, er wolle einen Eigentumsbegriff entwikkeln, der »so weit an die Denkmodelle der Eigentumsordnung östlicher Staaten angenähert werden soll, daß es zwischen beiden in einiger Zeit nur noch quantitative Gegensätze gibt« (Winter/Mainczyk 1968/I, S. 71). Hier wird versucht, eine vorsichtige Reform unserer Bodenordnung durch das Gespenst kommunistischer Unterwanderung zu diffamieren. Es ist nur konsequent, wenn dieser Verband dann warnt: »Das private Eigentum darf nicht durch eine sozialistische Bodenordnung beschränkt werden« (Winter/Mainczyk 1968/I, S. 73).

Die Vorschläge, die den Zentralverband der Haus- und Grundbesitzer so erregen, finden beim Deutschen Städtetag weitgehende Zustimmung. Er vermeidet jedoch aggressive Formulierungen, die zu einer Polarisierung in der öffentlichen Diskussion führen könnten. Deutlich wird aber, daß die Vorstellungen des Deutschen Städtetags, wenn auch mit zaghaften Worten, so doch in der Sache weiter gehen als die Vorschläge Lebers zugunsten einer gesellschaftlichen Verfügung über den Boden (Winter/Mainczyk 1968/I, S. 40 ff.).

Es ist angesichts der polemischen Angriffe der Grundeigentümer verwunderlich, wie vornehm und zurückhaltend die Verbände der Gemeinden in die öffentliche Diskussion eingreifen. So heißt es beispielsweise in einer Stellungnahme der kommunalen Spitzenverbände aus dem Jahre 1968 bei der Beratung des Städtebauförderungsgesetzes: »Unter Bezugnahme auf einige kritische Äußerungen zu dem Gesetzesvorhaben in der Öffentlichkeit betonten die Vertreter der kommunalen Spitzenverbände, die Erneuerung der Gemeinden und Städte sei eine gemeinsame Aufgabe der Bürger und ihrer Gemeinde. Das Gesetz müsse daher darauf angelegt werden, die Nutzung von Grund und Boden durch den Bürger zu erleichtern und zu verbessern. Obwohl das Gesetz unangemessen hohe Spekulationsgewinne aus der Erneuerung verhindern müsse, solle es doch das Grundeigentum im Rahmen der verfassungsmäßigen Sozialbindung schützen« (Winter/Mainczyk 1968/I, S. 88).

Ähnlich argumentieren die Gewerkschaften. Der Anschein einer routinemäßigen Pflichtübung wird jedoch dabei nicht vermieden. So heißt es beispielsweise in einer grundsätzlichen Stellungnahme des DGB zum Bau- und Bodenrecht aus dem Jahre 1960: »Das künftige Bau- und Bodenrecht muß gewährleisten, daß der für den Wohnungsbau erforderliche Boden zu angemessenen Preisen angeboten wird. Jeder, der ein Eigenheim bauen will, muß den Zugang zum Boden finden, wie in gleicher Weise auch der Bau von Mietwohnungen für einkommensschwache Bevölkerungskreise nicht an der Zurückhaltung von Bauboden und an der Bodenspekulation scheitern darf« (Winter/Mainczyk 1968/II, S. 115). Als konkrete Maßnahme, dieses Ziel zu erreichen, schlägt der DGB lediglich die »Abschöpfung unverdienten Wertzuwachses« vor. Die Stellungnahme endet mit dem Appell an den Bundestag, zu handeln.

Sowohl die evangelische als auch die katholische Kirche haben zum Bodeneigentum in der jüngsten Vergangenheit mehrmals Stellung genommen. Allerdings war dieses Thema in den offiziellen Verlautbarungen der Kirchen immer eingebettet in die Diskussion über das Eigentum schlechthin. Nur vereinzelt sind Ansätze erkennbar, die die besondere Funktion des Bodeneigentums im Vergleich zu anderen Eigentumsformen hervorheben. Meist ist der Boden eine Eigentumsform unter vielen, und Bodenspekulation ist eben eine Form des Mißbrauchs von Eigentum. Trotz dieser Einschränkung haben die Kirchen dazu beigetragen, die bestehende Bodenordnung in Frage zu stellen. Wie bereits in anderen Erklärungen wird 1961 in der Enzyklika »Mater et Magistra« der katholischen Kirche betont, »daß das Recht auf Eigentum zugleich eine soziale Funktion einschließt« (Winter/Mainczyk 1968/II, S. 120). In dem sieben Jahre später von Papst Paul VI. verfaßten Rundschreiben »Populorum progressio« heißt es konkret im Hinblick auf die Frage der Enteignung: »Das Gemeinwohl verlangt deshalb manchmal eine Enteignung, wenn ein Besitz wegen seiner Größe, seiner geringen oder überhaupt nicht erfolgten Nutzung, wegen des Elends, das die Bevölkerung durch ihn erfährt, wegen eines beträchtlichen Schadens, den die Interessen des Landes erleiden, dem Gemeinwohl hemmend im Wege steht« (Winter/Mainczyk 1968/I, S. 30).

Aus Anlaß der 52. Sozialwoche der französischen Katholiken findet Papst Paul VI. eine noch deutlichere Sprache: »Die Neuordnung der Städte erfordert mutige Beschlüsse, bei denen man nicht umhin kann, angeblich traditionelle Werte zu überprüfen, die in Wirklichkeit nichts anderes sind als die willkürliche Verteidigung von Sonderinteressen.« Paul VI. kommt dann zu dem Schluß: »So wird es beispielsweise nötig sein, furchtlos daran zu erinnern, daß das Recht auf Eigentum niemals zum Schaden des Gemeinwohls geltend gemacht werden kann« (Winter/Mainczyk 1968/II, S. 122).

Dieser Grundgedanke stand auch im Mittelpunkt einer Tagung der Katholischen Akademie in Bayern: »Die großen eklatanten Mißstände auf dem Wohnungsmarkt und die fast unüberwindlichen Schwierigkeiten, auf die Städteplanung und Umweltschutz stoßen, haben die uneingeschränkte Verfügung über

Grund und Boden als privates Eigentum und als Gegenstand von Spekulation und Profit zu einem Problem der Allgemeinheit werden lassen« (Kath. Akademie in Bayern 1971, S. 1). Diese Tagung hatte den Sinn, Probleme zu analysieren und Positionen zu klären. Deshalb kam es auch nicht zu programmatischen Vorschlägen, wie die Bodenordnung in Zukunft aussehen soll. Es wurde aber nicht nur gefragt, »ob überhaupt dieselbe rechtliche Definition des Eigentums als Sachherrschaft mit Ausschlußbefugnis anderer auf Grund und Boden angewendet werden sollte oder ob eine eigene Definition des Eigentums an Grund und Boden, etwa eingeschränkt auf Sachnutzungsrecht, vorzuziehen wäre«, sondern es gab keinen Widerspruch zu der Forderung, daß der Eigentümer »weitergehende Einschränkungen seines Rechts bis zur Enteignung hinnehmen muß, wenn ein öffentliches Interesse nachgewiesen werden kann« (Kath. Akademie in Bayern 1971, S. 6).
Nach dem Zweiten Weltkrieg nimmt die evangelische Kirche im Jahr 1962 zur Frage der Berechtigung und des Nutzens von privatem Eigentum in einer Denkschrift Stellung, die von folgenden Grundüberlegungen ausgeht (Odin 1966):

- Alle Menschen sollen immer daran denken, »daß alle Güter Gott zu eigen sind«;
- im übrigen aber gibt es für alle Menschen Trost: »In Jesus Christus ist allen Menschen, gleichviel, in welcher Art von Eigentumsverhältnissen sie leben, die Erlösung angeboten.«

Diese Denkschrift, die in 30 Punkte gegliedert ist, plädiert für »kräftige Sparanreize sowie eine spürbare Erleichterung der Sparleistung und des Aktienerwerbs der Arbeitnehmerschaft«; dementsprechend konventionell und konservativ sind auch die Bemerkungen zum Bodenrecht, die sich in Punkt 16 finden: »Das Anwachsen der Bevölkerung auf dem engen Raum der Bundesrepublik Deutschland führte zu einem wachsenden Bedarf an Wohnraum. Für die Familien wurde die Schaffung von Eigenheimen immer dringlicher. Sie ist um der Gesundheit unseres Volkes willen unerläßlich. Da außerdem viele von dem Wunsch nach einer sicheren Geldanlage erfüllt sind, wurde in den letzten Jahren der zur Bebauung geeignete Boden knapp und immer teurer. Die Bodenpreise versperren in vielen Fällen die Möglichkeit, Eigentum an Wohnraum für angemessene Gegenleistungen zu bilden. – Der Gesetzgeber ist verpflichtet, immer erneut zu prüfen, wie ungerechtfertigtem Bodengewinn

entschieden mehr als bisher gewehrt werden kann« (Odin 1966).
Auf dem Evangelischen Kirchentag 1969 »Hunger nach Gerechtigkeit« wurde gefordert: »Eigentum darf keine Herrschaft über Menschen begründen ... Bei der Stadt- und Landesplanung und im Wohnungsbau bedeutet u. a. der private Haus- und Grundbesitz Herrschaft über Menschen ... und verhindert gesellschaftlich vernünftige und humane Lösungen ... Voraussetzung für eine gesellschaftlich sinnvolle Stadt- und Landesplanung ist die Aufhebung des privaten Eigentums an Grund und Boden durch eine neue Bodenordnung« (pro test Nr. 4/1969, S. 3). Dies ist sicherlich nicht die offizielle Stellungnahme der Evangelischen Kirche, aber sie kündigt eine mögliche Entwicklung an.

Die öffentliche Meinung

Bei wohl kaum einem Thema ist die öffentliche Diskussion so wenig analytisch strukturiert wie beim Bodenrecht. Das gilt auch für das schwache Problembewußtsein der Menschen zu diesem Thema. So hat der »Spiegel« in seiner Ausgabe vom 9. 11. 1970 eine umfangreiche und thematisch gut gegliederte Umfrage veröffentlicht. Einerseits wird dort der Bau von billigen Wohnungen an die Spitze der notwendigen Reformen gestellt; andererseits findet sich noch nicht einmal eine starke Minderheit innerhalb der Bevölkerung, die für eine grundlegende Neuordnung des Bodenrechts plädiert. Einerseits werden zwar von 95% der Bevölkerung mehr Kindergärten gefordert, andererseits lehnen 81% der Bevölkerung die Überführung von Grund und Boden in das Eigentum der Gemeinde ab; eine Maßnahme, die in vielen Fällen den Bau von Kindergärten überhaupt erst ermöglichen würde.
Dieses Bild überrascht nicht angesichts der Tatsache, daß die Bevölkerungsgruppe, in deren objektivem Interesse eine soziale Bodenordnung steht, weder organisiert ist, noch mächtige Fürsprecher findet. Deshalb fällt es auch relativ schwer abzuschätzen, wie sich die öffentliche Meinung im Verlauf der nächsten Jahre entwickeln wird. Eine drastische Änderung ist nur zu erwarten, wenn die auf dem Bodenmarkt Unterprivilegierten sich organisieren, sei es in Form lokaler Mieteraktionen,

sei es im zentralen Mieterverein, sei es in Bürgerausschüssen oder ähnlichen demokratischen Einrichtungen. Das heutige widersprüchliche Meinungsbild wird sich nur langfristig verändern, und nur, wenn endlich damit Schluß gemacht wird, die Forderung nach einer sozialen Bodenordnung mit dem Schreckgespenst des Sozialismus oder gar Kommunismus zu diffamieren.

Deshalb verbietet es sich für alle, die an einer Neuordnung unseres Bodenrechts ernsthaft interessiert sind, den Gegnern Anlaß für billige Polemik zu bieten. Diese Erkenntnis setzt sich allmählich durch. So heißt es in einem kommunalpolitischen Arbeitspapier der Jungsozialisten aus dem Jahre 1971, daß der Boden, der für ein Eigenheim genutzt wird, in privater Verfügung bleiben soll.

Dieser Verzicht auf Reizworte, die es leicht machen würden, die Reformer unserer Bodenordnung als Buhmänner zu karikieren, wird begleitet von einer zunehmenden Bereitschaft engagierter Politiker, in dieser Frage Farbe zu bekennen. Beschränkten sich vor wenigen Jahren die Reformpolitiker noch darauf, die Mißstände zu beschreiben und allenfalls ihre Beseitigung global zu fordern, so reicht das heute nicht mehr aus. Der Münchener Oberbürgermeister Vogel schreibt in einer Kolumne im Stern (Nr. 23) 1971: »Auf längere Sicht hilft jedoch nur eine grundlegende Bodenrechtsreform. Sie muß deutlich zwischen dem aus dem Eigentum fließenden schutzwürdigen Recht zur Nutzung eines Grundstücks und der ebenfalls aus ihm abgeleiteten Handhabe unterscheiden, durch Veräußerung von Grundstücken Monopolprofite und gemeinschaftsschädliche Sondervorteile zu erzielen.« Dem entspricht eine zunehmende Bereitschaft bei den Medien der öffentlichen Meinung, sich dieses Themas sachlich anzunehmen.

Die immer konkreter werdende Diskussion um eine Reform unseres Bodenrechts hat dazu geführt, daß zumindest in den Ballungsgebieten die Menschen diesem Thema aufgeschlossen gegenüberstehen. So wurde in einer Umfrage festgestellt (Stern, 16. 5. 1971), daß

- »in Städten über 500 000 Einwohner nur noch 28% die Meinung vertreten, Eigentumsrechte der Grundbesitzer dürften grundsätzlich nicht eingeschränkt werden«,
- »in Gemeinden bis zu 20 000 Einwohnern 40% jeden Eingriff in die Eigentumsrechte der Grundbesitzer ablehnen«.

Aber auch diese Zahlen können nicht darüber hinwegtäuschen: Sobald das Wort »Enteignung« fällt, scheiden sich die Geister. Das zeigt deutlich das Ergebnis einer Umfrage, die im Auftrag des Presse- und Informationsamtes der Bundesregierung im Juni 1971 durchgeführt wurde. Die Frage lautete:

– »Hier unterhalten sich zwei über Bodenspekulation und Mietwucher. Wem würden Sie eher zustimmen?«

Der eine sagt:

– »Ich bin dafür, daß Grund und Boden in stärkerem Maße als bisher enteignet werden – natürlich gegen Entschädigung. Nur so kann man mit Mietwucher und Bodenspekulation fertig werden.«

Der andere meint:

– »Selbst wenn Enteignung das wirksamste Mittel gegen Mietwucher und Bodenspekulation ist, ich wäre in jedem Fall dagegen. Ich halte Enteignung nämlich für einen zu scharfen Eingriff in die Freiheit des einzelnen.«

Nach dieser Umfrage sprach sich die absolute Mehrheit der Bevölkerung – nämlich 53% – gegen Enteignung von Grund und Boden aus. Der gegenteilige Standpunkt wird von 32% vertreten. 15% sind unentschieden oder haben keine Meinung. Im einzelnen ergab sich folgendes Bild:

	Für Enteignung	Gegen Enteignung	Unentschieden
Insgesamt	32	53	15
Männer	37	51	12
Frauen	27	54	19
Dörfer	26	55	19
Kleinstädte	34	47	19
Mittelstädte	32	58	10
Großstädte	35	53	12
SPD-Anhänger	44	46	10
FDP-Anhänger	27	51	22
CDU/CSU-Anhänger	24	64	12

B Exkurs: Internationaler Vergleich

Ein Vergleich des Bodenrechts in verschiedenen Staaten ist verwirrend. Die rechtlichen Grundlagen der Bodenordnung sind unterschiedlich und vielfältig. Das gilt nicht nur für den Ost-West-Vergleich, sondern auch bei näherer Betrachtung der Regelungen in westlichen Ländern.
In dem folgenden Exkurs soll versucht werden, skizzenhaft das geltende Bodenrecht in einigen anderen Ländern darzustellen. Dabei bleiben Detailfragen unberücksichtigt. Es kommt in diesem Zusammenhang darauf an, erprobte Verfahren und Modelle für ein soziales Bodenrecht vorzustellen. Die Darstellung wird sich also auf die jeweils typischen Elemente des Bodenrechts konzentrieren und dabei insbesondere die rechtlichen Möglichkeiten des Eingriffs in das Privateigentum zugunsten gesellschaftlicher Verfügung beleuchten. Vollständigkeit der Darstellung ist nicht beabsichtigt.

Die Vereinigten Staaten von Amerika

Die Bodenordnung der Vereinigten Staaten von Amerika ist Teil einer Marktwirtschaft. Obwohl sich nach dem amerikanischen Revolutionskrieg ein Großteil des Bodens in öffentlichem Besitz befand, wurde schon damals ein Landsystem eingerichtet, das nach marktwirtschaftlichen Regeln funktionieren sollte. Der Staat beschränkte sich beim Verkauf seines Bodens auf soziale Gesichtspunkte und niedrige Preise. Der größte Teil des ursprünglich in Bundesbesitz befindlichen Landes wurde bis Mitte des 20. Jahrhunderts in privates Eigentum überführt. Trotzdem gehört heute noch rund ein Drittel der gesamten Landfläche der Bundesregierung, rund 60% befinden sich in Privathand, der Rest gehört den Staaten und Städten.

Auf der Ebene der Stadt- und Regionalplanung stehen in Amerika traditionell folgende drei Instrumente zur Verfügung:
- Der Flächennutzungsplan (zoning),
- der Bebauungsplan (subdivision regulations) und
- Stadterneuerungspläne (urban renewal plans).

Hinzu trat in letzter Zeit noch der sogenannte Generalbebauungsplan (comprehensive plan), der die zukünftige Entwicklung eines größeren zusammengehörigen Siedlungsgebietes in groben Zügen festlegen soll.

Für die Realisierung dieser Planungen wurde ein System finanzieller Anreize geschaffen, durch Bundeszuschüsse für bestimmte Bauvorhaben oder Erschließungsmaßnahmen (Housing Act von 1949). Daneben finanziert die Bundesregierung Planungsarbeiten, sofern diese Planungen von den Gemeinden nicht selbst durchgeführt werden können. Das gilt insbesondere für Gemeinden mit weniger als 50 000 Einwohnern. Der Bundeszuschuß kann zwei Drittel der Kosten der Planungsarbeiten betragen.

In den letzten Jahren stehen in den Vereinigten Staaten von Amerika vor allem die Probleme der Stadtsanierung und der Entwicklung von neuen Städten im Vordergrund.

Grundlage für die öffentliche Kontrolle über die Verwendung von Land in Amerika ist das sogenannte Gewohnheitsrecht gegen Mißbrauch (Common Law of Nuisance). Dieses Recht verpflichtet Landbesitzer, ihr Land in einer Weise zu nutzen, daß es nicht zu einer unbilligen Beeinträchtigung anderer Landbesitzer oder des öffentlichen Interesses kommt. Die Rechtsprechung in Amerika wird durch das Bewußtsein geprägt, daß alle Rechte am Land durch die Gesellschaft selbst geschaffen wurden und deswegen niemand einen Anspruch auf Privilegierung hat.

Die Enteignungsbefugnis wird den örtlichen Verwaltungen von den Bundesstaaten gewährt. Dabei wird unterschieden zwischen der Berechtigung der Enteignung und der Höhe der Entschädigung. Sofern rechtmäßige Pläne vorliegen, kann der Eigentümer lediglich die Höhe der Entschädigung gerichtlich anfechten.

Eine Erweiterung der Enteignungsbefugnis der öffentlichen Hand ergab sich in Amerika in den letzten zehn Jahren insofern, als durch die obersten Gerichtshöfe festgelegt wurde, daß die Enteignungsbefugnis, die traditionell auf die Inanspruch-

nahme von Boden für öffentliche Nutzung begrenzt war, auch dann angewendet werden kann, wenn ein öffentliches Interesse klar erkennbar ist. Das bezieht sich zum Beispiel auf die kommunale Vorratspolitik von Bauerwartungsland.
Ein wesentliches Merkmal in Planung und Bodenrecht ist, daß die Besteuerung des Grundvermögens von den Gemeinden festgelegt wird. Die »property tax« ist die hauptsächliche Einnahmequelle der Gemeinden und schwankt stark zwischen den einzelnen Gemeinden. Diese lokalen Unterschiede werden teilweise durch das Steuerrecht auf Bundesebene ausgeglichen: Das Bundesrecht sieht vor, daß die Grundsteuer – die an die Gemeinde zu zahlen ist – unter bestimmten Bedingungen, beispielsweise wenn der Boden zur Durchführung volkswirtschaftlich wichtiger Investitionen benötigt wird, von der Einkommensteuer – die an die Bundesregierung zu zahlen ist – abgezogen werden kann. Das ist aber ein Ausnahmefall.

Schweden

In Schweden wurde versucht, durch eine langfristig angelegte Politik kleiner Reformschritte Mißstände im Bodenrecht abzubauen.
An- und Verkauf von Boden unterliegen in Schweden keiner grundsätzlichen Beschränkung; allerdings gibt es Grenzen: Landwirtschaftlich genutzter Boden darf nur unter bestimmten Bedingungen erworben werden; Ausländer dürfen in Stadtlandschaften Boden nur zur Befriedigung ihres eigenen Wohnungsbedarfes erwerben; Gesellschaften, Verbände und Genossenschaften müssen beim Erwerb die Genehmigung der staatlichen Behörden einholen. Innerhalb dieser Grenzen unterliegt der Bodenmarkt keiner weiteren Beschränkung. Allerdings engagiert die öffentliche Hand sich in Schweden auf verschiedene Weise stark in der Bodenordnung. 1962 wurden von öffentlichen und gemeinnützigen Bauträgern fast 60% aller neuerstellten Wohnungseinheiten gebaut. In einem Baulanderwerbsgesetz wurde festgelegt, daß staatliche Gelder für Neubauten nur gewährt werden dürfen, wenn der Preis für das Bauland eine vorgeschriebene Höchstgrenze nicht überschreitet.
Die Möglichkeit der Enteignung ist in Schweden nicht nur auf den Konfliktfall zwischen öffentlichem Interesse und Privat-

eigentum beschränkt; die Gemeinden haben vielmehr das gesetzliche Recht, Boden zwangsweise aufzukaufen, um sicherzustellen, daß Boden zu angemessenen Bedingungen für eine umfassende Entwicklung zur Verfügung steht.
Diese breit angelegte Möglichkeit zur Enteignung schafft gute Voraussetzungen für eine kommunale Entwicklungspolitik. So können Stadtverwaltungen auch Land enteignen, das nicht in dicht entwickelten Gebieten liegt, wenn es darum geht, dieses Land für Entwicklungszwecke in Pacht zu geben. Allerdings bedürfen die Gemeinden für die Enteignung der Zustimmung durch die Zentralregierung. Im Landerwerbsgesetz ist festgelegt, daß bei der Entschädigung die örtlichen Marktpreise und der jährliche Ertrag des Grundstücks berücksichtigt werden sollen; dabei ist darauf zu achten, daß die Enteignung auf keinen Fall zu einer Steigerung der Grundstückskosten führen darf.
Grundsätzlich gibt es zwei Arten von Enteignungen: Die Enteignung von Bauplätzen, die für private Bebauung vorgesehen sind, aber nicht in der erforderlichen Übereinstimmung mit dem Stadtplan bebaut worden sind und voraussichtlich auch innerhalb einer annehmbaren Zeit nicht so bebaut werden, und die Zonen-Enteignung bei Sanierungen, Verkehrsplanungen und Modernisierungen.
Die Bodenvorratspolitik steht im Vordergrund schwedischer Bodenpolitik. Die Stadtverwaltungen sind für die Grundstückspolitik verantwortlich. Im allgemeinen versuchen sie, rechtzeitig Land zur Sanierung zu erwerben. Allerdings gibt es erhebliche Unterschiede zwischen einzelnen Städten. Trotzdem ist es erstaunlich, wieviel Boden schwedische Städte besitzen. Das Beispiel Stockholm zeigt dies deutlich:
Von 1904 bis 1967 hat allein die Stadt Stockholm rund 5400 ha im Wert von rund 400 Millionen DM erworben; 1966 gehörten 74% der Grundfläche dieser Stadt der Stadt selbst (Passow 1970, S. 180).
Diese Bodenvorratspolitik der Gemeinden ist natürlich nur langfristig wirksam. Dabei spielt die Frage der Finanzierung eine wichtige Rolle.
In den vergangenen Jahren hat es sich in der schwedischen Kommunalpolitik allmählich durchgesetzt, den Boden, der sich in der Hand der Gemeinde befindet, nicht mehr zu verkaufen – was nach dem Gesetz zulässig ist –, sondern zu verpachten. Dabei ist vorgeschrieben, daß die Pachtverträge sich minde-

stens auf 60 Jahre erstrecken sollen; der Pachtzins kann alle 20 Jahre geändert werden. Falls es zu einer Auflösung des Pachtvertrages kommt, ist die Stadtverwaltung verpflichtet, die auf diesem Boden erstellten Gebäude zu erwerben. Das Steuerrecht wird als begleitendes Instrument eingesetzt. Der Gewinn durch Grundstücksgeschäfte muß in Schweden versteuert werden, wenn ein Grundstückseigentümer sein Grundstück innerhalb von zehn Jahren nach dem Erwerb wieder verkauft. Diese Regelung führt natürlich nicht dazu, daß die Grundstückspreise niedrig sind, oder daß das Angebot auf dem Bodenmarkt vergrößert wird. Sie erhält erst im Zusammenhang mit dem in Schweden geltenden Enteignungsrecht ihren Sinn, da im Enteignungsfall als Orientierung für die Höhe der Entschädigung auch der Ertragswert dient. Durch die Koppelung dieser beiden Maßnahmen kann eine gewisse Preisdämpfung eintreten.

Großbritannien

Die Reform der Bodenordnung spielt in Großbritannien in der öffentlichen Diskussion schon immer eine große Rolle. Verschiedentlich kam es zur Verabschiedung von Gesetzen, die bei einem Regierungswechsel wieder aufgehoben wurden. Trotzdem besteht zwischen den politischen Parteien in Großbritannien weitgehende Übereinstimmung, daß die soziale Bindung des Eigentums an Boden durch konkrete gesetzliche Maßnahmen sichergestellt werden muß. Insofern kann die Diskussion in Großbritannien Vorbild sein.

Schon 1868 wurde dort im »Torrens Act« die Möglichkeit für Gemeinden geschaffen, Enteignungen zwangsweise durchzuführen. In der Folge gab es eine Vielzahl weiterer Gesetze, die die bestehende marktwirtschaftliche Ordnung beschränkten. Ein Meilenstein in dieser Entwicklung war das 1947 in Kraft getretene »Town And Country Planning Act«, das zum Ziel hatte, alle zukünftigen Entwicklungswerte zu enteignen. Bei der Durchführung dieses Gesetzes stieß man jedoch auf unüberwindliche administrative Schwierigkeiten, weil es nicht gelang, den Entwicklungswert vom »Current use value« zu trennen. 1967 folgte dann das »Land Commission Act«, das die Enteignungsrechte mit bestimmten Einrichtungen zur Bodenvorratspolitik koppelte. Alle diese Maßnahmen haben jedoch das private Eigentum an Boden prinzipiell nicht angetastet. Sie zielten »auf eine Verbesserung der Bodenvorratswirtschaft und zugleich auf die Wegsteuerung ungerechtfertigter Planungsgewinne, um der öffentlichen Hand die erleichterte und verbilligte Verfügungsgewalt über den Boden überall dort zu sichern, wo dies aus Gründen des öffentlichen Wohls erforderlich wird« (Weyl 1969, S. 99).

Innerhalb eines rechtmäßigen gemeindlichen Bebauungsplanes können die Gemeinden jedes Grundstück enteignen; in bestimmten Fällen ist dies sogar ohne einen genehmigten Bebauungsplan möglich. Die Rechtsgrundlage dafür ist das »Town And Country Planning Act« von 1947. Durch das »Land Commission Act« von 1967 durften die »land-commissions« ebenfalls das ursprünglich nur Gemeinden zustehende Enteignungsrecht in Anspruch nehmen. Diese »land-commission« ist eine öffentlich-rechtliche Anstalt, deren gesetzlich vorgeschriebene Aufgabe darin besteht, die Bodenvorratspolitik zu organisieren. Diesen weitgehenden Rechten stehen allerdings auch Pflichten gegenüber. So ist beispielsweise gesetzlich festgelegt, daß jeder Eigentümer nach Abschluß der Beratungen eines Bebauungsplans die »land-commission« auffordern kann, sich zu entscheiden, ob sie das betreffende Land erwerben will oder nicht. Die »land-commission« muß diese Anfrage innerhalb von drei Monaten beantworten. Falls sie auf einen Erwerb verzichtet, darf sie von ihren Enteignungsrechten für das betreffende Grundstück im Lauf der nächsten fünf Jahre keinen Gebrauch machen. Wichtig ist in diesem Zusammenhang, daß die »land-commission« befugt ist, nicht nur dann Boden zu enteignen, wenn eine unmittelbare Bebauung bevorsteht, sondern auch dann, wenn es lediglich darum geht, durch die Enteignung eine Bebauung gemäß der Planung sicherzustellen. Dies bedeutet jedoch andererseits, daß die Kommission sich bei konkreten Enteignungsmaßnahmen mit den betreffenden Gemeinden in Verbindung zu setzen hat; denn es muß davon ausgegangen werden, »daß die Enteignungsmaßnahmen mit den rechtskräftigen Planungen und Ausweisungen der Flächennutzungspläne in Einklang stehen« (Weyl 1969, S. 97). Hinsichtlich der Höhe der Entschädigung galt bis 1958 die Regelung, daß zum »existing use value« entschädigt werden muß; das ist derjenige Preis der aufgrund der aktuellen Nutzung entsteht, unter Außerachtlassung planungs- oder erschließungsbe-

dingter Entwicklungsmöglichkeiten. Von 1959 bis 1966 war dann eine Entschädigung zum jeweiligen Verkehrswert vorgeschrieben; unter Verkehrswert wurde jener Preis verstanden, den ein verkaufswilliger Eigentümer am offenen Markt erzielen würde. Seit 1967 wird zum jeweiligen Marktwert, abzüglich des Entwicklungswertes entschädigt; außerdem soll bei der Feststellung des Marktwertes kein Wertzuwachs berücksichtigt werden, der aus der Entwicklungsplanung resultiert.
Die entscheidende Neuerung des Land Commission Act von 1967 war die Möglichkeit, durch eine Land-Kommission in großem Maßstab Bodenvorratspolitik zu betreiben. Diese Kommission »ist befugt, alles Land, das sich nach ihrer Auffassung für eine bauliche Entwicklung eignet, freihändig oder auch durch Enteignung zu erwerben, zu verwalten und umzusetzen« (Weyl 1969, S. 97). Diese Institution hat die konservative Regierung mittlerweile entsprechend einem Wahlkampfversprechen aufgelöst.
Neben der »levy«, durch die der Entwicklungswert des Bodens bei Neuplanungen anteilmäßig erfaßt wird, gibt es in England noch einen rein steuerlichen Ansatz durch die »capital gain tax«; durch sie wird die Steigerung des »current use value« mit 30 Prozent besteuert.

Niederlande

Die Niederlande haben ihre Bodenordnung in den vergangenen Jahrzehnten radikal verändert.
Die Gemeinden verfügen über ein weitgehendes Enteignungsrecht. Ein Gesetz aus dem Jahre 1901 ermöglicht ihnen beispielsweise die Enteignung aller in einem Erweiterungsplan erfaßten Grundstücke zur Baulandbeschaffung. Diese weitgehende Möglichkeit der Enteignung wurde 1962 auf das Gebiet von Stadtkernen ausgedehnt. Die niederländischen Enteignungs- und Entschädigungsvorschriften legen den Gemeinden nahe, nicht grundstücksweise zu enteignen, sondern größere, zusammenhängende Flächen zu beanspruchen.
Die Entschädigung bei einer Enteignung geschieht bei noch nicht bebautem Land nach einem korrigierten Marktwert; dabei wird vom Marktwert der durch die Planung verursachte Gewinn abgezogen. Bei bebautem Land wird mit dem Ertrags-

wert entschädigt; dabei wird vom Nettogewinn ausgegangen. Diese Maßnahmen werden durch den Staat unterstützt: Er kann den Gemeinden die bezahlten Entschädigungen vergüten. Die weitgehenden Möglichkeiten der Enteignung und das große öffentliche Interesse an der Preisentwicklung haben dazu geführt, daß die Gemeinden in den Niederlanden eine konsequente und langfristig angelegte Bodenvorratspolitik betreiben. Im Regelfall versuchen sie, frühzeitig Land zu erwerben; oft ist für diese Gebiete in den offiziellen Plänen eine Bebauung noch gar nicht vorgesehen.

Der Boden, der sich in der Hand der Gemeinden befindet, kann zu Kostenpreisen an Private verkauft werden; die Gemeinden haben aber auch die Möglichkeit, diesen Boden unterhalb der Selbstkosten an gemeinnützige Bauträger zu übertragen, die diese Flächen dann für den sozialen Wohnungsbau nützen müssen. Die Mehrzahl der Großstädte in den Niederlanden ist freilich in den vergangenen Jahren konsequent dazu übergegangen, Boden, der sich in ihrer Hand befindet, überhaupt nicht mehr zu verkaufen, sondern nur noch zu verpachten. Dabei werden im Regelfall Pachtverträge auf 75 Jahre begrenzt.

Interessant an der Entwicklung in den Niederlanden, die, gemessen an der Preisentwicklung für Grundstücke, außerordentlich erfreulich verlaufen ist, ist die Tatsache, daß man dort nur in sehr beschränktem Umfang mit steuerlichen Maßnahmen gearbeitet hat. Es gibt zwar eine Wertzuwachssteuer; sie ist jedoch so gehalten, daß sie sich wirklich nur auf die extreme, berufsmäßige Bodenspekulation bezieht.

In einem umfangreichen wissenschaftlichen Gutachten zum Thema »Bodenpolitik international«, das die rechtlichen Grundlagen und die tatsächliche Entwicklung in sechs verschiedenen Ländern miteinander vergleicht (Belgien, Bundesrepublik Deutschland, Dänemark, Frankreich, Großbritannien, Niederlande), kam Münch nach ausführlichen Vergleichen der Preisentwicklung für Grundstücke unter Berücksichtigung der rechtlichen Situation zu folgendem Schluß:

»Vermutet werden kann indessen – und zwar mit guten Gründen –, daß die konsequente Baulandpolitik der niederländischen Gemeinden (frühzeitiger Erwerb von baunötigem Boden, Veräußerung zu Kostenpreisen) sowie die systematische Enteignungspraxis (häufige, relativ niedrig entschädigende Enteignung) die Spekulationslust entscheidend dämpften« (Münch

1968, S. 194). Münch ist der Meinung, daß sich das niederländische »Rezept« beim internationalen Vergleich am besten bewährt hat.

Israel

Die Bodenordnung in Israel muß in engem Zusammenhang mit der historischen Entwicklung dieses Staates und seinem Vorläufer gesehen werden. Die Bemühungen vor Gründung des Staates Israels, Boden mit privatkapitalistischen Methoden zu erwerben, seine Nutzung aber über einen allgemeinen Fonds gesellschaftlich zu organisieren, haben dazu geführt, daß die Eigentumsverteilung des Bodens durch eine starke Stellung der öffentlichen Hand geprägt ist.

Im Jahr 1901 wurde der Jewish National Fund mit dem Ziel gegründet, Land zu erwerben, das den jüdischen Siedlern in Palästina zur Verfügung gestellt werden sollte. Bereits vor der Staatsgründung Israels erwarb dieser Fonds mehr als die Hälfte des von Juden in Palästina besiedelten Landes. Dabei konzentrierte sich der Fonds beim Kauf von Boden auf jene Gebiete, die landwirtschaftlich genutzt werden sollten. Der Boden in den Städten blieb im wesentlichen in Privathand.

Diese Bodenpolitik wurde nach der Staatsgründung weiterverfolgt. Heute befinden sich rund 93% der gesamten Fläche des Staates Israel im öffentlichen Besitz (Darin-Drabkin, S. 159). Seit der Staatsgründung haben auch die Gemeinden selbst Boden erworben. Heute wird der Boden des Fonds so behandelt wie Boden der öffentlichen Hand. Der Fonds und der Staat haben ein öffentlich-rechtliches Komitee gegründet, das Richtlinien für die Bodennutzung aufstellt.

»Es ist jedoch eine interessante Tatsache, daß obwohl in Stadtgebieten Privateigentümer nur den kleineren Teil des Grund und Bodens besitzen, trotzdem diese private Minderheit und nicht die Masse des in öffentlicher Hand sich befindenden Bodens die Preisentwicklung in den Stadtgebieten in Israel bestimmt. Die Ursache dafür ist in der Tatsache zu suchen, daß privater Boden meistens im Zentrum der großen Städte liegt« (Darin-Drabkin, S. 159). Allerdings verfügt auch innerhalb der Städte die öffentliche Hand über einen erheblichen Prozentsatz des Bodens: In Tel Aviv 50%; in Jerusalem 58%; bei neuen

Städten, die in Israel in den vergangenen Jahren an mehreren Stellen entstanden sind, im Regelfall 100%, jeweils des engeren Stadtgebietes. Eine der Grundregeln der Bodenpolitik in Israel besteht darin, daß öffentlicher Grundbesitz nicht verkauft, sondern nur verpachtet werden soll. Bei der Verpachtung des Bodens wird heute noch nach Regeln vorgegangen, die bereits zu Beginn dieses Jahrhunderts von den jüdischen Einwandererorganisationen festgelegt wurden. Im Regelfall wird der Boden für 49 Jahre verpachtet. Die Höhe der Pacht richtet sich nach der Art der Nutzung: Bei landwirtschaftlich genutztem Boden beträgt der Pachtzins 2%, bei Boden in der Stadt 4% des jeweiligen Marktwertes. Dieser Pachtzins darf in Abständen von 15 bis 20 Jahren der Entwicklung des Marktwertes des betreffenden Grundstückes angepaßt werden.

Neben Grundsteuer und Grunderwerbsteuer, die jedoch wirtschaftlich keine große Rolle spielen, wurde im Jahre 1962 durch Gesetz eine Steuer für Veräußerungsgewinne von Grundstükken eingeführt. Diese Wertzuwachssteuer ist progressiv abhängig von der prozentualen Wertsteigerung. Es gibt drei Progressionsstufen:

- Sofern der Gewinn 200% des ursprünglichen Kaufwertes nicht übersteigt, beträgt der Steuersatz 20% des Wertzuwachses.
- Wenn der Gewinn 200% übersteigt, aber unterhalb 400% des ursprünglichen Kaufpreises bleibt, müssen 30% Steuern bezahlt werden.
- In allen übrigen Fällen sind 40% des Wertzuwachses abzuführen.

Diese Steuer wird reduziert, falls zwischen Kauf und Verkauf des Grundstücks ein Zeitraum von mehr als zwei Jahren besteht; und zwar wird in diesem Fall die Steuerrate um 0,5% für jeden weiteren Monat gesenkt. Inzwischen ist klar, daß die Erwartungen und Hoffnungen bei der Einführung dieser Steuer sich nicht erfüllt haben.

Im Gegenteil: Die Wachstumsraten in der Preisentwicklung auf dem Grundstücksmarkt haben sich in Israel seit diesem Gesetz wesentlich erhöht.

Trotz der Tatsache, daß in Israel 93% des Bodens im Besitz der öffentlichen Hand sind und obgleich die Gewinne aus Grundstücksspekulationen scharf besteuert werden, mußte in Israel eine besorgniserregende Entwicklung der Bodenpreise hingenommen werden: Im Zeitraum von 1959 bis 1964 sind die Bodenpreise in Stadtlandschaften durchschnittlich um 400% bis 500% gestiegen. Die Zuwachsraten haben laufend zugenommen. Im Jahr 1958 betrug der Anteil des Produktionsfaktors Boden an den gesamtwirtschaftlichen Produktionskosten 1,2%; im Jahr 1963 kletterte diese Zahl auf 3,6%. Mit anderen Worten: Die Preissteigerungen auf dem Bodenmarkt liegen wesentlich über den durchschnittlichen Preissteigerungen für andere Wirtschaftsgüter.

Im Kampf gegen diese hohen Preissteigerungen hat sich ein verschärftes Steuersystem als unwirksam erwiesen, da alle Steuern voll über den Marktpreis abgewälzt werden konnten; auch daß 93% des Grund und Bodens von der öffentlichen Hand kontrolliert werden, hat wenig Einfluß, denn man hat darauf verzichtet, diesen öffentlichen Grundbesitz zur Steuerung des Bodenmarktes entsprechend entwicklungspolitischer Zielvorstellungen einzusetzen. Hauptsächliches Hindernis zur Bekämpfung der hohen Preissteigerungen ist die Tatsache, daß die Stadtkerne sich zu einem hohen Prozentsatz im Privatbesitz befinden. Die Privateigentümer haben es in den vergangenen Jahren verstanden, von diesen für die Stadtentwicklung strategisch wichtigen Punkten ausgehend, die Bodenpreisgestaltung zu beeinflussen. »Es konnte nachgewiesen werden, daß die hohen Bodenpreise im Zentrum der großen Städte die Entwicklung im Umland der Stadt bestimmen« (Darin-Drabkin, S. 187).

Jugoslawien

Im Jahr 1959 wurde in Jugoslawien eine Bodenreform durchgeführt. Sie brachte Regelungen mit sich, die in vielerlei Hinsicht von den bodenrechtlichen Vorschriften in kapitalistischen Staaten grundsätzlich abweichen.

In engen Grenzen gibt es auch in Jugoslawien Privateigentum an Boden; dabei muß zwischen Stadtlandschaften und ländlichen Gebieten unterschieden werden. Für Bauern ist es in Jugoslawien zulässig, bis zu einer Höchstgrenze von 10 Hektar Privatbesitz an landwirtschaftlich genutzter Fläche zu haben. In den Städten ist aller Boden durch das Landgesetz von 1959 nationalisiert (sozialisiert) worden. Die Regierungen der einzelnen Gliedstaaten Jugoslawiens haben das Recht, die Grenzen für diese Stadtlandschaften festzulegen. Die Gemeinden haben hierbei ein Vorschlagsrecht, und unter bestimmten Bedingungen müssen die Landesregierungen diesen Vorschlägen der Gemeinden sogar folgen.

Im Jahr 1968 wurde ein weiteres Gesetz verabschiedet, das die Enteignung in ländlichen Räumen regelt; dazu muß aber der öffentliche Bedarf für den betreffenden Boden nachgewiesen werden, zum Beispiel für Infrastruktureinrichtungen.

Innerhalb der Stadtlandschaften ist der Boden zwar dem Grundsatz nach nationalisiert, jedoch führt dies nicht zu einer sofortigen Aufhebung aller privaten Eigentumstitel. Der Boden wird erst dann enteignet, wenn ihn die öffentliche Hand zur Bebauung benötigt. Es handelt sich also um ein ruhendes Obereigentum der Stadt. In allen übrigen Fällen ist der Eigentümer berechtigt, auf dem Boden, sofern die Bebauungspläne dies zulassen, selbst Gebäude zu errichten. Dabei schreibt das Gesetz vor, daß jede Privatperson maximal zwei Gebäude besitzen darf.

Falls der Boden in Stadtlandschaften enteignet wird, muß der Eigentümer angemessen entschädigt werden. Als angemessene Entschädigung ist nicht zwingend der Marktpreis vorgeschrieben, vielmehr müssen andere Faktoren bei der Höhe der Entschädigung mit berücksichtigt werden, beispielsweise die frühere Nutzung des Bodens und die Frage, ob der Eigentümer aus der Nutzung dieses Bodens sein bisheriges Existenzeinkommen bezogen hat. Unter Abwägung dieser Gesichtspunkte wird dann eine Entschädigung festgesetzt, die gerichtlich angefochten werden kann.

Um die Bodenspekulation zu verhindern, ist durch Gesetz vorgeschrieben, daß innerhalb der festgelegten Grenzen der Stadtlandschaften ein Ankauf oder Verkauf von Grund und Boden nicht zulässig ist.

DDR

Das Bodenrecht wurde in der DDR mehrmals und in verschiedener Hinsicht grundlegend verändert. Grundlage für diese Veränderungen war die Verfassung der DDR, die in Artikel 26 bestimmt: »Die Verteilung und Nutzung des Bodens wird überwacht und jeder Mißbrauch verhütet. Die Wertsteigerung des Bodens, die ohne Arbeits- und Kapitalaufwendung für das Grundstück entsteht, ist für die Gesamtheit nutzbar zu machen« (Arlt 1967, S. 70).

Alle Veränderungen der Bodenordnung und des Bodenrechts hatten zum Ziel, die »sozialistische Nutzung« des Bodens zu verwirklichen. Dabei wurde von Anfang an ein Unterschied gemacht zwischen landwirtschaftlich genutztem Boden und städtischem Boden, »denn der Boden kann in der Stadt, eben weil er hier nicht als Produktionsmittel fungiert, auch nicht die Grundlage für eine kollektive Arbeit der privaten Bodeneigentümer sein. Deshalb können sozialistische Nutzungsverhältnisse am privaten städtischen Boden grundsätzlich nur dadurch herbeigeführt werden, daß dem sozialistischen Staat das Eigentumsrecht an diesen Bodenflächen gegen Zahlung einer entsprechenden Entschädigung übertragen wird, und zwar unabhängig von einer Zustimmung der Privateigentümer« (Arlt 1967, S. 129).

Deshalb wurde für den Bereich der Landwirtschaft der Zusammenschluß zu Genossenschaften vorangetrieben; für den Bereich des städtischen Bodens wurden jedoch andere Wege und Mittel gewählt.

Der städtische Boden befindet sich in der DDR zu ungefähr 80% in privater Hand. Die Nutzung des Bodens unterliegt ebenso wie der Grundstücksverkehr strengen Regeln. Die Nutzung wird durch konkrete Pläne vorgeschrieben. Die Höhe der Mieten wird von staatlichen Stellen überwacht. Jeder Kauf oder Verkauf eines Grundstückes zwischen natürlichen oder juristischen Personen bedarf der Genehmigung durch staatliche Aufsichtsorgane; die Genehmigung darf nicht erteilt werden, »wenn wichtige öffentliche Interessen entgegenstehen, insbesondere, wenn der Kaufpreis unangemessen ist oder die begründete Vermutung besteht, daß das Grundstück in einer dem Gemeinwohl abträglichen Weise verwertet werden soll« (Arlt 1967, S. 155). Besonders wirksam wird diese Genehmigungspflicht dadurch, daß der Staat gleichzeitig ein unumschränktes Vorkaufsrecht besitzt. Er tritt also gleichzeitig als Preiskontrolleur und Interessent auf.

Zur Planung der Bodennutzung stehen in der DDR folgende Institutionen zur Verfügung:

– Der Flächennutzungsplan, der in der Perspektive die Verteilung der Wohn- und Industriegebiete und der Grünflächen sowie die allgemeine Anlage des Versorgungs- und Verkehrsnetzes bestimmt;

- der Stadtbebauungsplan, der aufgrund des Flächennutzungsplanes die wichtigen Plätze und Straßen, die wichtigsten Gebäude und die Versorgungs- und Verkehrsanlagen festlegt;
- der Aufbauplan, der die einzelnen Bauvorhaben und Aufbaugebiete ausweist. Sobald eine Gemeinde oder ein Kreis ein Aufbaugebiet festgelegt hat, hat dies zur Folge, »daß in diesen Gebieten eine Inanspruchnahme von bebauten und unbebauten Grundstücken für den Aufbau und eine damit verbundene dauernde oder zeitweilige Beschränkung oder Entziehung des Eigentums und anderer Rechte erfolgen kann. Verfügungen über Grundstücke in Aufbaugebieten bedürfen der Zustimmung der Räte der Bezirke« (Arlt 1967, S. 66);
- der Teilbebauungsplan, der die einzelne Bebauung im Detail ausweist.

Dieses weitgehende Planungsrecht in Verbindung mit dem Vorkaufsrecht und dem noch zu beschreibenden scharfen Enteignungsrecht hat in den vergangenen beiden Jahrzehnten zu einem Anwachsen des staatlichen Grundbesitzes geführt. Wenn der Staat diese Grundstücke nicht für eigene Zwecke benötigt, überläßt er die Nutzung Genossenschaften, gesellschaftlichen Organisationen oder auch einzelnen Bürgern. Diese Nutzung war zunächst kostenlos. Das hat zu Fehlentwicklungen geführt. Aus diesem Grunde wurde im Juni 1967 die »Verordnung über Bodennutzungsgebühr« erlassen, die zum Ziel hatte, alle Zweige der Volkswirtschaft stärker an der optimalen Nutzung des Bodens und der Auswahl des volkswirtschaftlich günstigen Standorts für Investitionsvorhaben zu interessieren. Außerdem darf eine staatliche Stelle nicht unbegrenzt an dem Rechtstitel eines einmal erworbenen Grundstücks festhalten, denn das Gesetz schreibt vor, daß sie das Grundstück dann an andere staatliche Behörden oder Ämter abzugeben hat, »wenn dieses Grundstück im künftigen Planungsjahr zur Erfüllung eigener Planaufgaben nicht mehr ausschließlich oder überwiegend genutzt werden soll« (Arlt 1967, S. 107).

Das Wort Enteignung wird im Bodenrecht der DDR vermieden. Statt dessen spricht man von »Inanspruchnahme«, die nach folgenden gesetzlich festgelegten Regeln vollzogen wird:

- Wichtigste Voraussetzung ist die Erklärung eines Gebietes zum Aufbaugebiet; sie ist notwendig, um überhaupt enteignen zu können.
- Die »Inanspruchnahme« eines Grundstücks kann für alle Bauvorhaben durchgeführt werden, »die der Erfüllung der Volkswirtschaftspläne und den gesellschaftlichen Interessen, d. h. dem Wohl der Allgemeinheit dienen. Diese Bedingungen sind für alle Bauvorhaben gegeben, die in den Bebauungsplänen enthalten sind« (Arlt 1967, S. 132).
- Der Enteignung muß eine Verhandlung zwischen dem Stadtbauamt und dem Eigentümer vorausgehen mit dem Ziel, »dem Bürger die gesellschaftliche Notwendigkeit der Bebauung seines Grundstücks bewußt« zu machen (Arlt 1967, S. 133).

Sofern diese Regeln beachtet werden, kann die »Inanspruchnahme« durchgeführt werden. Dabei geht die Verfügungsgewalt sofort auf den Träger der Aufbaumaßnahme über; lediglich die Höhe der Entschädigung kann vom Eigentümer angefochten werden. Dabei sind enge gesetzliche Schranken gesetzt, denn das Gesetz schreibt zwar eine Entschädigung zum »ortsüblichen Kaufpreis« vor, aber diese »Kaufpreise« sind Stopp-Preise besonderer Art: »Der Stopp-Preis ist der Preis, der am 17. 10. 1936 bei einer Veräußerung des Grundstücks unter regelmäßigen Verhältnissen voraussichtlich erzielt worden wäre« (Arlt 1967, S. 136).

C 1 Das Städtebauförderungsgesetz — Beginn einer Reform des Bodenrechts

Das Städtebauförderungsgesetz (StBauFG) ist am 1. August 1971 in Kraft getreten. Während dreier Legislaturperioden hat sich das Parlament mit Entwürfen für das Gesetz befaßt. Wohnungsbauminister aller Parteien haben sich um sein Zustandekommen bemüht. Es war deutlich, daß das Bundesbaugesetz nicht ausreichte, um Stadterneuerung, Stadtsanierung und Stadtentwicklung in ausreichendem Maße zu gewährleisten. Trotzdem konnte das Gesetz erst nach Anrufung des Vermittlungsausschusses verabschiedet werden. Es ist ein Kompromiß zwischen den verschiedenen am Boden interessierten Gruppen. Das Städtebauförderungsgesetz stellt für kleine Teilbereiche des Bodens Sonderrecht dar, das das Grundeigentum stärker beschränkt als das Bundesbaugesetz den übrigen Boden.

In welchen Gebieten Sanierungs- oder Entwicklungsmaßnahmen nach dem Städtebauförderungsgesetz möglich sein sollen, war – wegen des besonderen Bodenrechts für solche Gebiete – lange umstritten. Für die Sanierung enthält das Gesetz eine praktikable Regelung: Ein Gebiet ist sanierungsbedürftig, wenn es städtebauliche Mißstände aufweist oder wenn es – auch falls das Gebiet architektonisch und sozial »intakt« ist – die Funktionen nicht erfüllt oder nicht erfüllen kann, die dem Gebiet im Rahmen der gesamten Gemeinde zukommen (§ 1 Abs. 2 und § 3 Abs. 3 StBauFG).

Demgegenüber werden die Entwicklungsbereiche – im wesentlichen das Schaffen neuer Orte, die Entwicklung vorhandener Orte zu neuen Siedlungseinheiten oder die Erweiterung vorhandener Orte um neue Ortsteile – durch § 1 Abs. 3 und 4 sowie § 53 Abs. 1 so kasuistisch geregelt und von so vielen Voraussetzungen abhängig gemacht, daß es schwer sein wird, alle notwendigen Voraussetzungen zu erfüllen. Die Interessengruppen, die die Sonderbestimmungen für die Entwicklungsbe-

reiche am liebsten gar nicht anwenden würden, haben sich weitgehend durchgesetzt (vgl. dazu Pohl 1971/I, S. 205).
Das Städtebauförderungsgesetz enthält jedoch eine ganze Reihe beachtlicher neuer Regelungen.

Die Mitwirkung der Beteiligten und der Sozialplan

Das Städtebauförderungsgesetz schreibt an verschiedenen Stellen vor, daß den Beteiligten – Eigentümern, Mietern, Pächtern und sonstigen Nutzungsberechtigten – Gelegenheit zur Mitwirkung zu geben ist. Die Neugestaltung des Sanierungsgebiets ist mit den Beteiligten schon vor Aufstellung des Bebauungsplanes zu erörtern. Bereits bei den vorbereitenden Untersuchungen und im ganzen weiteren Ablauf des Verfahrens ist festzustellen, ob nachteilige Auswirkungen durch Sanierung oder Entwicklung für einzelne Beteiligte im wirtschaftlichen, sozialen oder persönlichen Bereich entstehen. Im Sozialplan ist festzuhalten, wie solche Härten vermieden oder wenigstens gemildert werden können.
Bei den städtebaulichen Planungsprozessen der Sanierung und Entwicklung handelt es sich um Vorgänge, die die Umwelt und die persönlichen Lebensverhältnisse der in den Gebieten Ansässigen tiefgreifend und umfassend verändern und umgestalten. Das Städtebauförderungsgesetz will den Betroffenen Gelegenheit geben, an diesem Vorgang mitzuwirken. Besonders bedeutsam ist, daß – im Gegensatz zu früheren Bestimmungen – neben den Eigentümern auch die Mieter und Pächter sowie die sonstigen Nutzungsberechtigten gleichrangig genannt und ausdrucklich angesprochen werden (siehe auch Schäfers 1971, S. 201). Im Bericht des Bundestagsausschusses für Städtebau und Wohnungswesen heißt es dazu, daß damit dem Prinzip der Demokratisierung des Verwaltungshandelns Rechnung getragen werde (zu BT – Drucksache VI/2204, S. 3).
Die Regelung ist nicht vollkommen. Das Gesetz enthält keine ins einzelne gehende Regelung der Partizipation der Öffentlichkeit am Sanierungs- oder Entwicklungsgeschehen. Zwingende Vorschriften für die Beteiligung der Öffentlichkeit zu erlassen, würde jedoch heute noch außerordentlich problematisch sein. Die damit zusammenhängenden Fragen sind bisher weder theoretisch noch empirisch hinreichend erforscht. Sicher

wird man schließlich zu festen Regeln kommen. Zunächst muß aber den Gemeinden weitgehend überlassen bleiben, wie sie die Beteiligung der Betroffenen im einzelnen praktizieren wollen, um dabei Erfahrungen zu sammeln. Es besteht allerdings die Gefahr, daß die Beteiligung der Öffentlichkeit und der Sozialplan sich einseitig an nachteiligen Auswirkungen für die Betroffenen im persönlichen, wirtschaftlichen und sozialen Bereich orientieren (vgl. Hübner 1971, S. 193; Stadt Stuttgart 1971, S. 51). Die Beteiligung der Öffentlichkeit und die Sozialplanung müßten stärker die Planung der sozialen Anforderungen an ein Gebiet zum Gegenstand haben. Die Beteiligung der Betroffenen bedeutet keine Mitbestimmung. Sie bezweckt weniger die Einführung eines plebiszitären Elements in die Stadtentwicklung, sie soll vielmehr die vorhandenen Konflikte zwischen den vielen sich überschneidenden Interessen aufzeigen. Konflikte sollen rechtzeitig erkannt werden; nur wenn sie bekannt sind, können sie ausgeräumt werden – wobei das Erkennen der Konflikte zwar eine wichtige Voraussetzung für ihre Lösung ist, aber keineswegs schon die Lösung selbst. In den USA wird dieser Gesichtspunkt sogar für so wichtig gehalten, daß bei manchen Sanierungsvorhaben die Bewilligung von Bundesförderungsmitteln davon abhängig gemacht wird, daß zunächst eine entsprechende Bürgerbeteiligung organisiert ist – und zwar ebenfalls auf Kosten der Bundesregierung.

Einstweilen wird durch die Beteiligung der Betroffenen und durch die Sozialplanung mancher Widerstand abgebaut, weil die Interessen der Betroffenen eher berücksichtigt werden können.

Das ist ein Fortschritt, wenn auch nur ein kleiner. Bis zur wirklichen Beteiligung der Öffentlichkeit am Planungsprozeß bleibt noch ein weiter Weg.

Die ausführliche Beteiligung der Betroffenen schon zu Beginn des Verfahrens fordert in Erwartung der Sanierung zu Spekulationen heraus. Die Allgemeinheit ist gegen solche Machenschaften nur unzureichend geschützt, da in diesem frühen Stadium Rechtsgeschäfte über Grundstücke im Sanierungsgebiet und Veränderungen an diesen Grundstücken noch keiner Genehmigung der Sanierungsstelle bedürfen. § 23 Abs. 4 StBauFG, wonach Vereinbarungen, die getroffen werden, um eine höhere Entschädigung zu erlangen, bei der Berechnung der Entschädigung unberücksichtigt bleiben, reicht nicht aus, um sicherzustellen, daß nicht doch Rechtsgeschäfte abgeschlossen werden mit dem Ziel, im späteren Sanierungsverfahren höhere Entschädigungen zu verlangen (vgl. Dieterich/Farenholtz 1972, S. 105).

Erweiterte Planungsmöglichkeiten im Ersatz- und Ergänzungsgebiet

Im Zuge einer Sanierung werden fast immer Bewohner in Ersatzräume umgesetzt werden müssen. Ergibt sich aus den vorbereitenden Untersuchungen unter Beteiligung der Betroffenen und aus dem für das Sanierungsgebiet aufgestellten Bebauungsplan, daß Ersatzbauten oder Ersatzanlagen zur räumlich zusammenhängenden Unterbringung von Bewohnern oder Betrieben aus dem Sanierungsgebiet gebraucht werden, so können dafür geeignete Gebiete förmlich festgelegt werden. In diesen können im Bebauungsplan für die einzelnen Grundstücke besondere Nutzungsarten festgesetzt werden, um den mit der förmlichen Festlegung verfolgten Zweck zu verwirklichen, insbesondere können Festsetzungen getroffen werden, die die Durchführung des Sozialplans gewährleisten sollen.
Damit geht das Städtebauförderungsgesetz für die Ersatz- und Ergänzungsgebiete über die Planungsmöglichkeiten des § 9 BBauG hinaus. Wenn es der Sozialplan vorsieht, ist es möglich, im Bebauungsplan festzusetzen, daß auf bestimmten Flächen öffentlich geförderter sozialer Wohnungsbau betrieben werden muß. Damit ist in einem Teilbereich des Planungsrechts der Wohnungsbau als direkte öffentliche Aufgabe anerkannt, es bleibt nicht wie sonst bei einer finanziellen Förderung.
Es ist allerdings nicht ganz einzusehen, warum solche Ausweisungen nicht auch im Bebauungsplan für das Sanierungsgebiet selbst oder für ein Entwicklungsgebiet möglich sind. Solche Festsetzungen – und darüber hinaus auch andere differenziertere Festsetzungen im Sanierungsbebauungsplan (wie eine Festlegung der Rangfolge und zeitlichen Reihenfolge von Ordnungs- und Baumaßnahmen, die genaue Nutzung einzelner Bauten und einzelner Geschosse, einheitlich zu überbauende Flächen) sollten im Sanierungs- und Entwicklungsgebiet allgemein zulässig sein. Nur dann wäre die Planung nach dem Städtebauförderungsgesetz nicht nur re-aktiv und das Städtebauför-

derungsgesetz wirklich ein Instrument zum gestaltenden Handeln.

Die besonderen bodenrechtlichen Bestimmungen

§ 23 Abs. 2 StBauFG enthält den Grundsatz, daß bei der Bemessung von Ausgleichs- und Entschädigungsleistungen Werterhöhungen, die lediglich durch die Aussicht auf die Sanierung, durch ihre Vorbereitung oder Durchführung eingetreten sind, nicht berücksichtigt werden. Wertsteigerungen der Grundstücke im Sanierungsgebiet infolge der Sanierung sollen nicht den Eigentümern, sondern der Öffentlichkeit zur Finanzierung der Sanierungsmaßnahmen zur Verfügung stehen (§§ 23 und 41 StBauFG). Damit ist für die Sanierungsverfahren ein wichtiger Grundsatz aufgestellt, der eine alte Forderung verwirklicht: Die Wertsteigerungen der Grundstücke, die durch Investitionen der öffentlichen Hand im Laufe einer Sanierung entstehen, fließen dem zu, der die Wertsteigerungen veranlaßt und bezahlt, und nicht demjenigen, der zufällig Grundstückseigentümer ist.
Es ist außerordentlich bedauerlich, daß das Städtebauförderungsgesetz diesen Grundsatz nicht allgemein enthält, sondern ihn für die Entschädigung der Grundstücke im Entwicklungsbereich ausdrücklich verwirft: Nach § 57 Abs. 4 StBauFG gilt der Grundsatz der Abschöpfung der Bodenwertsteigerung für land- und forstwirtschaftlich genutzte Grundstücke mit der Maßgabe, daß in Gebieten, in denen sich kein vom innerlandwirtschaftlichen Verkehrswert (der Wert beim Grundstücksverkehr zwischen Landwirten) abweichender Verkehrswert gebildet hat, der Wert maßgebend ist, der in vergleichbaren Fällen im gewöhnlichen Geschäftsverkehr auf dem allgemeinen Grundstücksmarkt dort zu erzielen wäre, wo Entwicklungsmaßnahmen nicht vorgesehen sind. Diese Vorschrift, die im übrigen wegen ihrer ungenauen Formulierung schwer zu handhaben sein wird, besagt nichts anderes, als daß für Grundstücke im Entwicklungsbereich entweder ein schon vorhandener Baulanderwartungswert oder aber mehr als der landwirtschaftliche Verkehrswert bezahlt werden soll.
Diese Regelung ist nicht nur vom Finanziellen her eine Katastrophe, weil laut ausdrücklicher Vorschrift des Gesetzes Ent-

schädigungen bezahlt werden müssen, die über dem Verkehrswert liegen, und die Belastung für die Gemeinden untragbar sein wird. Die Bestimmung ist auch vom Prinzip her unerträglich. Bisher gab es kein Gesetz, nach dem Entschädigungen zu bezahlen waren, die über dem Verkehrswert lagen. Der Fortschritt des § 23 Abs. 2 StBauFG wird im Entwicklungsbereich durch § 57 Abs. 4 StBauFG fast annulliert. Bedeutsame Weiterbildungen des geltenden Bodenrechts sind die §§ 18 bis 21 StBauFG. Mit Hilfe des gemeindlichen Grunderwerbsrechts kann es den Gemeinden gelingen, im förmlich festgelegten Sanierungs- und Entwicklungsgebiet Grundstücke zu erwerben. Nach § 19 StBauFG können Abbruchgebote für bauliche Anlagen ergehen, die nach dem Bebauungsplan zu beseitigen sind, und nach den §§ 20 und 21 StBauFG können Baugebote und Modernisierungsgebote erlassen werden. Obwohl die Vorschriften nicht leicht zu handhaben sein werden, weil die Verfahren sehr kompliziert sind und viele Anfechtungsmöglichkeiten bestehen, ist damit ein Weg gewiesen, das bauliche Geschehen nicht ausschließlich der Privatinitiative zu überlassen.

Die Enteignung nach dem Städtebauförderungsgesetz

§ 22 StBauFG berücksichtigt die Unzulänglichkeit der geltenden Enteignungsbestimmungen der §§ 85 ff. BBauG. Zwingende städtebauliche Gründe nach § 88 BBauG, die eine Enteignung rechtfertigen, sind im Sanierungs- und Entwicklungsgebiet immer als gegeben anzusehen. Außerdem muß mit der Einleitung eines Enteignungsverfahrens nicht abgewartet werden, bis der Bebauungsplan rechtsverbindlich geworden ist. Es genügen im Sanierungsgebiet ein Bebauungsplanentwurf und die Behandlung der gegen ihn fristgerecht vorgebrachten Bedenken und Anregungen; im Entwicklungsbereich ist die Enteignung ganz ohne Bebauungsplan möglich (§ 57 Abs. 3 StBauFG). Schließlich ist noch hervorzuheben, daß über den Eigentumsübergang von der Enteignungsbehörde schon entschieden werden kann, bevor die Entscheidung über die Entschädigung gefällt wird. Diese Vorschriften liefern einen wichtigen Beitrag zur zügigen Durchführung von Sanierungs- und Entwicklungsmaßnahmen: Grund und Boden ist für Sanierungsmaßnahmen und Entwicklungsmaßnahmen leichter verfügbar als bisher.

Im Entwicklungsbereich soll die Gemeinde sämtliche Grundstücke erwerben. Dadurch soll sichergestellt werden, daß Entwicklungsmaßnahmen einheitlich geplant und zügig durchgeführt werden können, so daß die Funktionen eines Entwicklungsgebiets im wesentlichen gleichzeitig beginnen können und eine lebensfähige Siedlungseinheit entsteht. Dazu wird von den erleichterten Enteignungsmöglichkeiten häufig Gebrauch gemacht werden müssen. Grunderwerbspflicht der Gemeinde und verbesserte Enteignungsmöglichkeiten ergänzen sich. Sie weisen zusammen den Weg für die zügige Realisierung der im Allgemeininteresse liegenden städtebaulichen Vorhaben.

Privatisierung

Von großer politischer und wirtschaftlicher Tragweite sind die Bestimmungen des Städtebauförderungsgesetzes über die Privatisierung im Sanierungs- und Entwicklungsbereich. Gleichsam als Ausgleich für die erweiterten Eingriffsmöglichkeiten ist bestimmt, daß die Gemeinden die Grundstücke, die sie im Sanierungs- und Entwicklungsgebiet erworben haben, nach Abschluß der Maßnahme veräußern müssen mit Ausnahme der Grundstücke, die für den Gemeinbedarf oder als Verkehrs-, Versorgungs- oder Grünflächen im Bebauungsplan festgesetzt sind oder die als Austauschland oder zur Entschädigung in Land benötigt werden (§ 25 Abs. 1 und § 59 Abs. 1 StBauFG). Im Regierungsentwurf war nur eine Reprivatisierung zugunsten der Alteigentümer vorgesehen. Nach Befriedigung der Reprivatisierungsansprüche sollte die Gemeinde frei über die Grundstücke verfügen können. Jetzt besteht aber eine grundsätzliche Privatisierungspflicht – unter Berücksichtigung »weiter Kreise der Bevölkerung«. Das StBauFG soll also auch ein Instrument zur Vermögensbildung sein. Damit wird es den Gemeinden sehr erschwert, vorausschauende Stadtentwicklungspolitik zu betreiben und dafür zu sorgen, daß die Sanierungs- und Entwicklungsgebiete auch zum Wohle der Allgemeinheit bebaut werden können. Hübner (1971, S. 193) spricht in diesem Zusammenhang sogar vom »Totalausverkauf des Bodens an gewerbesteuerkräftige Unternehmen«, zu dem die Gemeinden verurteilt seien. Soweit das Städtebauförderungsgesetz mehr als eine Reprivatisierung vorschreibt, sind Notwendigkeiten der städtebaulichen Entwicklung hinter ideologieverbrämte Einzelinteressen zurückgedrängt worden. Dies gilt allerdings dann nicht, wenn von der Möglichkeit der Privatisierung über die Ausgabe von Erbbaurechten häufig Gebrauch gemacht werden kann.

Öffentliche Förderung der Stadtentwicklung

Das Städtebauförderungsgesetz anerkennt mit seinen Bestimmungen über die Förderung von Sanierungs- und Entwicklungsmaßnahmen durch den Bund, daß Stadtsanierung und Stadtentwicklung Gemeinschaftsaufgaben sind, daß die Gemeinden mit diesem Problem nicht allein fertig werden können und daß die größere Gemeinschaft hier helfend einspringen muß.
Bedenklich stimmten jedoch die Vorschriften über die Förderung einzelner Maßnahmen im Rahmen der Sanierung. Die vorbereitenden Untersuchungen können durch den Bund gefördert werden. Auch die Kosten der Ordnungsmaßnahmen sind förderungsfähig (Entschädigungen, Ausgaben für den Härteausgleich, Kosten der Verwirklichung des Sozialplans). Zuschußfähig ist auch die Modernisierung von Gebäuden. Dagegen kommt der Einsatz von Sanierungsförderungsmitteln für Ersatzbauten nur unter ganz außergewöhnlichen und einschränkenden Voraussetzungen in Betracht (§ 45). So können nur dann, wenn für den Bau von Ersatzwohnungen Mittel zur Förderung des sozialen Wohnungsbaus nicht zur Verfügung stehen, auch Sanierungsförderungsmittel eingesetzt werden.
Jeder weiß, daß zumindest in den Verdichtungsgebieten sozialer Wohnungsbau allein mit den Mitteln zur Förderung des sozialen Wohnungsbaus längst nicht mehr möglich ist. Die Bestimmung des Gesetzes, daß die Kosten der Neubebauung und der Ersatzbauten von den Eigentümern als Bauherrn zu tragen seien, bedeutet unter diesen Umständen nichts anderes, als daß der Bau von Ersatzwohnungen praktisch gar nicht möglich sein wird – obwohl Grundstücke im Ersatz- und Ergänzungsgebiet vorhanden sein können (nur finanzstarke Gemeinden können die erforderlichen hohen Zuschüsse aufbringen). Für die sozial schwächeren Teile der Bevölkerung im Sanierungsgebiet, besonders die Mieter, sieht das Gesetz zwar Mit-

wirkungsrechte und einen Sozialplan vor, auch die Kosten der Umsetzung sind noch förderungsfähig. Für so unrentable Vorhaben wie den Ersatzwohnungsbau soll aber das ohnehin knappe Geld der öffentlichen Hand nicht verplempert werden. Die Verwirklichung des Sozialplans ist damit in Frage gestellt. Der Bundesgesetzgeber hat dieses Problem anscheinend gar nicht gesehen. Die Gemeinden werden so dafür verantwortlich gemacht, daß der Sozialplan nicht nur eine Farce bleibt.

Das Städtebauförderungsgesetz hat Mängel. Das Gesetz wird nicht ausreichen, um die Erneuerung unserer Städte realisieren zu können. Dennoch ist es ein wichtiger Schritt auf dem Wege der Reform des Bodenrechts. Es bietet den Gemeinden ein – wenn auch noch unvollkommenes – Instrumentarium zur Gestaltung, zum aktiven Handeln. Die Vervollkommnung dieses Instrumentariums im Sinne der hier gemachten Anmerkungen durch eine Novelle zum StBauFG wird bald in Angriff genommen werden müssen.

C 2 Novellierung des Bundesbaugesetzes

Sicher läßt sich das Bodenproblem nicht allein mit Mitteln des Baurechts lösen. Ebenso sicher ist jedoch, daß eine Reform des Bodenrechts ohne eine Änderung des Baurechts im weiteren Sinne nicht möglich ist. Es muß gewährleistet werden, daß zur Realisierung der städtebaulichen Planung Grundstücke am richtigen Ort, zur richtigen Zeit und zum »richtigen« Preis zur Verfügung stehen. Bei der Änderung und Ergänzung des Bundesbaugesetzes werden die Grundsätze des Städtebauförderungsgesetzes eine entscheidende Rolle spielen. Durch das Städtebauförderungsgesetz, das nur zeitlich beschränktes Sonderrecht für bestimmte Gebiete bringt, wird ein Zwang zur Reform auch des übrigen Bodenrechts begründet (vgl. auch Pohl 1971/I, S. 211). Ein »gespaltenes« Bodenrecht kann auf die Dauer keinen Bestand haben.

Die städtebauliche Planung

Nachdem das Städtebauförderungsgesetz eine stärkere Mitwirkung der Öffentlichkeit am Planungsprozeß ermöglicht, muß dieser Gedanke auch in das Bundesbaugesetz Eingang finden. Über die Möglichkeit hinaus, Bedenken und Anregungen geltend zu machen, muß vorgeschrieben werden, daß Pläne öffentlich diskutiert werden können. Die Qualität der Planung läßt sich dadurch vielleicht verbessern. In vielen Städten wurde und wird auch schon über die Bestimmungen des BBauG hinausgegangen, und es werden Planungen öffentlich diskutiert. Drei Gefahren müssen in diesem Zusammenhang bedacht werden:

– Mehr Öffentlichkeit ist eine Forderung, die sinnvoll nur erhoben werden kann, wenn die durch frühere Information bedingten Spekulationsmöglichkeiten mindestens eingeschränkt werden.

– Die Verfahrensvorschriften für eine breitere Beteiligung der Öffentlichkeit dürfen nicht dazu führen, das Planungsverfahren nur zu verzögern und zu komplizieren. Neue Förmlichkeiten, deren geringste Verletzung schon die Ungültigkeit des Planes nach sich ziehen würde, dürfen nicht postuliert werden, wenn die Stadtplanung ihrer Aufgabe gerecht werden soll.
– Die öffentliche Diskussion soll zu einer besseren Planung führen. Das setzt voraus, daß nicht nur qualifiziert geredet, sondern auch gut zugehört wird. Besteht keine Bereitschaft, Vorschläge, Bedenken, Alternativen und Ziele offen zu besprechen, sondern wird die Mitwirkung der Öffentlichkeit nur als stabilisierender Faktor des bisherigen Planungsverfahrens betrachtet, dann ist nur eine scheinbare Demokratisierung der Planung erreicht.

Es wird nicht einfach sein, für diesen Komplex zu praktikablen gesetzlichen Bestimmungen zu kommen. Deshalb müssen vor einer Kodifikation noch weitere Erfahrungen mit den Bestimmungen des Städtebauförderungsgesetzes oder aufgrund von Experimenten ohne gesetzlichen Zwang gesammelt werden. Durch eine vorschnelle und unzulängliche Regelung darf diese Chance nicht verbaut werden.

Die Planungshoheit der Gemeinde garantiert nicht, daß immer sachgerechte städtebauliche Lösungen gefunden werden. Je kleiner die Gemeinde ist, desto weniger kann in ihr ohne Berücksichtigung von Sonderinteressen geplant werden, und je weniger Fachleute zur Verfügung stehen, desto schwerer läßt sich die Koordinationsaufgabe der Bauleitplanung erfüllen. Nach Artikel 28 Abs. 2 GG ist den Gemeinden das Recht gewährleistet, Angelegenheiten der örtlichen Gemeinschaft im Rahmen der Gesetze in eigener Verantwortung zu regeln. Dazu gehört auch die städtebauliche Planung. Eine Beseitigung der Planungshoheit der Gemeinden käme einer Beseitigung der gemeindlichen Selbstverwaltung nahe. Schmidt-Aßmann (1970, S. 440) befürchtet, daß schon die verstärkte Mitwirkung des Staates im Rahmen des Städtebauförderungsgesetzes zu einer Auszehrung der gemeindlichen Selbstverwaltung führen werde. Die Gemeinden müssen das Recht haben, grundsätzlich nach eigenem Dafürhalten von den Möglichkeiten des Planungsrechts Gebrauch zu machen. Sie müssen so leistungskräftig ausgestattet werden, daß sie der Aufgabe der Stadtplanung gewachsen sind. Dazu gehört nicht nur die Fortführung der begonnenen Verwaltungsreform. Vielen Gemeinden würde geholfen, wenn die übergeordneten Ziele der Raumordnung und Landesplanung – die die Gemeinden nach § 1 Abs. 3 BBauG beachten müssen – hinreichend konkretisiert würden. Wünschenswert ist aber, daß neben dem Planungsrecht der Gemeinden auch eine Planungspflicht der Gemeinden gesetzlich klarer definiert wird (siehe auch Ernst/Bonczek 1971, S. 9 ff.).

Die Planungsmöglichkeiten müssen eine sinnvolle Bodennutzung unter Berücksichtigung des jeweiligen Standes der Technik gewähren. In zunehmendem Umfang werden nicht nur in den Innenstädten komplexe bauliche Anlagen errichtet. Gebäude entstehen über Verkehrsflächen, ganze Blocks werden einheitlich überbaut, und die Nutzung großer baulicher Anlagen ist oft keineswegs mehr homogen. Ein Bau erfüllt heute oft verschiedene Funktionen. Es muß festgesetzt werden können, daß auch Teile von Baulichkeiten in bestimmter Art und Weise zu nutzen sind. Eine Bindung der baulichen Nutzung lediglich an das Grundstück im Sinne des bürgerlichen Rechts ist nicht mehr ausreichend. Bedeutsam ist in diesem Zusammenhang die zwingende Feststellung von öffentlichen und privaten Nutzungen im selben Gebäude sowie der Vorschlag, daß Grundstücke, die »als Einheit« zu überbauen sind, festgesetzt werden können. Sinnvolles Bauen wird oft nur möglich sein, wenn viele kleine Grundstücke zu größeren Einheiten zusammengefaßt werden (vgl. Stadt Stuttgart 1971, S. 70).

Denkbar wäre weiter, daß der Bebaungsplan nicht nur bestimmt, was zulässig und unzulässig sein soll, sondern daß er auch zeitliche Rangfolgen oder Reihenfolgen für bestimmte Baumaßnahmen vorsieht. Für den Flächennutzungsplan kommt die Verankerung zeitlicher Rangfolgen in Betracht. Dabei wäre weniger davon auszugehen, daß bestimmte Daten fixiert werden. Vielmehr müßten vor allem gegenseitige Abhängigkeiten dargestellt werden. Im Bebauungsplan läßt sich aber auch die zeitliche Reihenfolge bestimmter Maßnahmen festsetzen, zum Beispiel der Bau von Ersatzräumen vor dem Abbruch bestimmter Gebäude (vgl. dazu Stadt Stuttgart 1971, S. 71). Von besonderer Wichtigkeit ist die Übernahme des § 11 StBauFG – wonach in Ersatz- und Ergänzungsgebieten zur zusammenhängenden Unterbringung von Bewohnern eines Sanierungsgebiets sozialer Wohnungsbau im Bebauungsplan vorgeschrieben werden kann – ins allgemeine Planungsrecht. Die Wohnungsfürsorge ist mit der Förderung des sozialen Wohnungsbaus und mit der Wohngeldgesetzgebung als öffentliche Aufgabe anerkannt. Um so erstaunlicher, daß es bisher nicht möglich ist, den Bau öffentlich geförderter sozialer Wohnungen im Bebauungsplan abzusichern. Der Katalog der Planungsmöglichkeiten des § 9 BBauG ist dahingehend zu erweitern, daß der öffentlich geförderte soziale Wohnungsbau als eine der möglichen Nutzungsarten vorgesehen wird; er wäre als eine Form des Gemeinbedarfs zu behandeln, insbesondere auch hinsichtlich der Enteignung. Wird auf eine entsprechende Ergänzung des Bundesbaugesetzes verzichtet, so wird der soziale Wohnungsbau binnen kurzem zum Erliegen kommen.

Enteignung

Die Enteignung nach dem Städtebauförderungsgesetz ist an einfachere Voraussetzungen geknüpft als eine Enteignung nach dem Bundesbaugesetz. Das Enteignungsverfahren nach dem Städtebauförderungsgesetz läuft zudem etwas zügiger ab.
Auch für die Enteignung nach dem Bundesbaugesetz sollte deshalb auf einige bisher vorgeschriebene Voraussetzungen verzichtet werden. Ein Enteignungsverfahren sollte schon vor Rechtsverbindlichkeit eines Bebauungsplans eingeleitet werden können. Zur Ausschaltung weiterer Bodenwertsteigerungen und Spekulationen muß die Einleitung eines Enteignungsverfahrens früh erfolgen. Eine Enteignung soll freilich nicht ohne jeden Plan gleichsam »auf Verdacht« zulässig sein. Das öffentliche Auslegen eines Bebauungsplanentwurfes kann jedoch als ausreichendes Kriterium zumindest für die Einleitung des Enteignungsverfahrens angesehen werden. Ob darüber hinaus auch schon Bedenken und Anregungen gegen den Bebauungsplanentwurf behandelt sein müssen, wie dies das Städtebauförderungsgesetz für Sanierungsgebiete vorschreibt, mag zweifelhaft sein. Die Zeitspanne zwischen der Behandlung der Bedenken und Anregungen und der Rechtsverbindlichkeit des

Planes ist in der Regel nur kurz. Die Regelung des Städtebauförderungsgesetzes ist deshalb mehr theoretisch richtig als für die Praxis bedeutsam. Es muß vermieden werden, daß sich während des Bebauungsplanverfahrens bis zur Enteignung schon übertriebene Wertvorstellungen und Preisforderungen der zu enteignenden Grundstückseigentümer zeigen.
Interessant ist dazu der weitergehende Vorschlag von Bonczek (Ernst/Bonczek 1971, S. 81), als Bebauungsplan für diesen Zweck eine erste Planungsstufe ausreichen zu lassen, die nur Festsetzungen über Verkehrsflächen und Gemeindebedarfsflächen sowie über die überbaubaren Grundstücksflächen enthält.
Entfallen müßte auch die Zulässigkeitsvoraussetzung des § 87 Abs. 2 Nr. 1 BBauG, die für die Enteignung nach dem StBauFG durch § 22 Abs. 1 StBauFG allgemein beseitigt ist. Danach ist die Enteignung, wenn sie nicht aus zwingenden städtebaulichen Gründen (§ 88 BBauG) durchgeführt wird, nur zulässig, wenn geeignetes Gelände weder aus dem Besitz des Bundes, des Landes, eines Gemeindeverbandes oder der Gemeinde beziehungsweise aus dem Besitz von juristischen Personen des privaten Rechts zur Verfügung gestellt werden kann, an denen die genannten Körperschaften allein oder gemeinsam überwiegend beteiligt sind. In vielen Fällen ist der Nachweis dieser Voraussetzung eine reine Formalität. Welche Gemeinde läßt sich auf ein Enteignungsverfahren ein, wenn sie ein für den Enteignungszweck ebenso gut geeignetes Grundstück in ihrem Besitz hat?
Das entscheidende Problem des Enteignungsrechts ist jedoch die Bemessung der Enteignungsentschädigung (siehe Kap. A 1). Das Bundesbaugesetz normiert den Verkehrswert des Grundstücks als Bemessungsgrundlage für die Enteignungsentschädigung. Das BBauG kodifiziert damit die Rechtsprechung des Bundesgerichtshofes (grundlegend die Entscheidung des Großen Zivilsenats des BGH vom 10. Juni 1952, BGHZ 6, 270). Schulthes (1965) hat gezeigt, daß seit 100 Jahren, nämlich seit der Beratung des preußischen Enteignungsgesetzes von 1874, immer wieder der Versuch gemacht wurde, die Höhe der Enteignungsentschädigung zu begrenzen, daß aber eine konservative Rechtsprechung dies kaum zur Kenntnis genommen hat. Es ist freilich Aufgabe des Gesetzgebers, die Konzeption einer sozialen Bodenpolitik zu entwerfen und in die Tat umzusetzen (Raiser 1971, S. 92). Der Richter ist überfordert, wenn er nicht

aufgrund klarer Gesetze, sondern nur mit allgemeinen Formeln Recht sprechen soll. Es ist Sache des Gesetzgebers, diese klaren gesetzlichen Regelungen zu schaffen.
Viele Lösungen sind denkbar. An die Stelle der jetzigen Entschädigungsbestimmungen des BBauG können Entschädigungsbestimmungen treten, die die Belange der Allgemeinheit und die Sozialstaatlichkeit in größerem Maße berücksichtigen.
Eine der denkbaren Lösungen des Problems ist in § 23 Abs. 2 StBauFG enthalten. Im Sanierungsgebiet wird nur der Wert entschädigt, der vor der Erwartung und Durchführung einer Sanierung bestand. Dieser Grundsatz könnte ausgedehnt werden – auch über die Bestimmung des § 57 Abs. 4 StBauFG für Entwicklungsbereiche hinausgehend – und zwar dahin, daß ganz allgemein bestimmte Teile des Grundstückswertes bei der Berechnung der Enteignungsentschädigung nicht berücksichtigt werden. Es liegt nahe, jene Werte nicht zu berücksichtigen, die allein durch die Planung und die Aussicht auf öffentliche Investitionen hervorgerufen werden, also alle Baulanderwartungswerte zu eliminieren. Die Bewertungstechnik ist heute so weit entwickelt, daß ein Ausscheiden planungsbedingter Wertanteile durchaus möglich erscheint. Die Bedenken dagegen (Ernst/Bonczek 1971, S. 23) sind angesichts der sich ständig verfeinernden Methoden der Grundstücksbewertung kaum stichhaltig. Diese folgt heute wissenschaftlichen Grundsätzen und ist mehr als eine ungefähre Schätzung. Auch auf andere Weise ließe sich die Höhe der Enteignungsentschädigung begrenzen. So wäre es möglich, bei der Bemessung der Enteignungsentschädigung grundsätzlich nur auf die ausgeübte, nicht auf die zulässige Nutzung abzustellen. Allerdings müßte für einen bestimmten Zeitraum doch das Vertrauen auf die nach dem Bebauungsplan zulässige Nutzung geschützt werden.
Durch solche Enteignungsvorschriften würde es der öffentlichen Hand nicht nur ermöglicht, Grundstücke für Zwecke des Gemeinbedarfs zu annehmbaren Preisen zu erwerben, auch eine allgemeine preisdämpfende Wirkung wäre zu erwarten. Es würde gefährlich, Grundstücke aus spekulativen Gründen teuer zu bezahlen und lange zu horten, ohne sie baulich zu nutzen. Es könnte wohl auch mit einem größeren Grundstücksangebot gerechnet werden. Allerdings darf man nicht übersehen, daß die Begrenzung der Enteignungsentschädigung allein diese erwünschten Wirkungen nicht haben würde. Mit Mitteln des

Bundesbaugesetzes allein läßt sich dieses Ziel ohnehin nicht erreichen.
Enteignungsverfahren müssen zügig abgewickelt werden können, wenn sie ihren Zweck erfüllen sollen. Auch insoweit muß das Bundesbaugesetz dem Vorbild des Städtebauförderungsgesetzes folgen. Die Trennung der Entscheidung über die Zulässigkeit der Enteignungen und über die Höhe der Entschädigung kann Enteignungsverfahren beschleunigen. Muß der Enteignungsbetroffene erkennen, daß seine Preisforderungen den Eigentumsübergang nicht aufhalten können, so wird das gesamte Verfahren einfacher (vgl. auch Ernst/Bonczek 1971, S. 81). Der Enteignungszweck läßt sich oft durch eine vorzeitige Besitzeinweisung verhältnismäßig schnell erreichen. Eine Straffung der Bestimmungen über die vorzeitige Besitzeinweisung – die heute nur nach dem Städtebauförderungsgesetz ohne erneute mündliche Verhandlung möglich ist – ist zu empfehlen. Auch die allgemeine Einführung der Flächenenteignung, die das Städtebauförderungsgesetz durch die Verbindung verschiedener Enteignungsverfahren nach § 22 Abs. 4 StBauFG vorsieht, ist eine Verfahrenserleichterung, die in das allgemeine Enteignungsrecht übernommen werden sollte.
Alle diese Vorschläge sind aber nur begrenzt wirksam. Die lange Dauer der Enteignungsverfahren liegt darin begründet, daß nach der Enteignungsbehörde, die, obwohl eine Verwaltungsbehörde, ähnlich wie ein Gericht prüft und entscheidet, noch drei Gerichte mit einem Enteignungsverfahren befaßt werden können. Gegen die Entscheidung der Enteignungsbehörde kann Antrag auf gerichtliche Entscheidung bei der Baulandkammer des Landgerichts gestellt werden. Gegen das Urteil des Landgerichts kann Berufung beim Baulandsenat des Oberlandesgerichts eingelegt werden. Die Entscheidung des Oberlandesgerichts ist mit Revision beim Bundesgerichtshof angreifbar. Damit stehen im Enteignungsverfahren, wenn man die Enteignungsbehörde mitrechnet, drei Instanzen zur Verfügung, in denen der Sachverhalt überprüft und rechtlich gewürdigt wird; in der Revisionsinstanz erfolgt nur noch eine rechtliche Würdigung. Dieser lange Rechtsweg wird schon beinahe als von der Verfassung vorgeschrieben und geschützt empfunden. Wer jedoch in begründeten Verdacht eines Verbrechens gerät, wird vom Landgericht abgeurteilt; gegen dessen Urteil findet nur die Revision zum Bundesgerichtshof statt. Obwohl es

um lebenslänglichen Freiheitsentzug gehen kann, genügt eine Tatsacheninstanz und eine Instanz, die überprüft, ob das Recht richtig angewendet wurde. Nicht nur das System der für die Verletzung von Rechtsgütern angedrohten Strafen im Strafgesetzbuch, sondern auch die Ausgestaltung des Rechtsschutzes kann zeigen, welche Werte einer Gesellschaft besonders teuer sind. Sollte es wirklich unmöglich sein, den Instanzenzug im Enteignungsverfahren zu begrenzen?

Sonstige bodenrechtliche Bestimmungen

Zur Durchsetzung der Ziele des Städtebauförderungsgesetzes dienen außerdem das Vorkaufsrecht, das Grunderwerbsrecht der Gemeinde, das Abbruchgebot, das Baugebot und das Modernisierungsgebot. Mit dem Vorkaufsrecht ist allerdings nicht sehr viel gewonnen. Es kommt in der Regel zu spät. Der hohe Preisstand wird bei der Ausübung des Vorkaufsrechts sozusagen behördlich anerkannt (vgl. Ernst 1969, S. 160). Die unveränderte Übernahme des gemeindlichen Grunderwerbsrechts aus dem Städtebauförderungsgesetz ins Bundesbaugesetz verspricht nur wenig Aussicht auf Erfolg. Das Verfahren ist so kompliziert ausgestaltet, daß es neben praktikablen Enteignungsbestimmungen kaum Sinn haben könnte. Dagegen sind Abbruchgebot, Baugebot und Modernisierungsgebot Instrumente, mit denen eine Gemeinde die Realisierung ihrer Planungen erzwingen kann. Sie sind deshalb auch außerhalb des Städtebauförderungsgesetzes notwendig. Der fehlende Einfluß der Gemeinden auf die Realisierung ihrer städtebaulichen Planung ist ein Mißstand, dem dadurch wenigstens zum Teil begegnet werden könnte.

Umlegung

Die Umlegung nach dem Bundesbaugesetz ist ein gesetzlich geregeltes Zwangstauschverfahren für Grundstücke; Umlegungen haben den Zweck, bisher landwirtschaftlich genutzte Flächen für eine Bebauung zweckmäßig zu gestalten oder in schon bebauten Gebieten die Grundstücksgrenzen so zu verändern, daß das Gebiet zweckmäßig neubebaut werden kann. Die

Bestimmungen des Bundesbaugesetzes über die Umlegung haben sich bewährt. Seit dem ersten Weltkrieg wurde fast in allen Bundesländern das Instrument der Umlegung vor allem zur erstmaligen Aufschließung von neuen Baugebieten verwendet.

Oberster Grundsatz der Umlegung nach dem Bundesbaugesetz ist, daß kein Beteiligter durch die Umlegung Vermögensnachteile erleiden soll, daß aber auch niemand durch die Umlegung besonderen Vorteil haben darf. Die Umlegungsvorteile werden deshalb bei der Wertumlegung in Geld, bei der Flächenumlegung in Fläche (dort allerdings beschränkt auf 30%) abgeschöpft. Läßt sich eine Planung nur durch eine Umlegung verwirklichen, so gehören auch die Planungsvorteile zu den Umlegungsvorteilen – wenigstens soweit sie sich nicht von den Umlegungsvorteilen trennen lassen (Bundesverfassungsgericht, Beschluß vom 17. 12. 1964 – 1 BvL 2/62 in DWW 1965, S. 81).

Die Umlegung könnte noch mehr als bisher ein Instrument zum Vollzug der Bebauungspläne schlechthin werden. So wäre es möglich, im Umlegungsverfahren neben der Bereitstellung der künftigen Straßenflächen die gesamte Erschließung durchzuführen. Abbruch- und Beseitigungsgebote sollten möglich sein, um schon frühzeitig die Freilegung künftiger Straßen und Baulandflächen zu erreichen. Damit im Umlegungsgebiet nicht nur sogenannte Einfamilienhäuser (mit drei und mehr Wohnungen) gebaut werden, sollte es in verstärktem Maße möglich sein, Miteigentum, Rechte nach dem Wohnungseigentumsgesetz und dergleichen zuzuteilen. Das ist bisher nur mit Zustimmung der Beteiligten möglich. Ohne diese ist es allerdings auch nicht sehr sinnvoll. Wie im Städtebauförderungsgesetz wäre aber zu bestimmen, daß, wer die Zuteilung solcher Rechte ablehnt, nur eine Geldabfindung erhält. Damit die Umlegung nicht wie bisher für manche Grundstücke eine bloße behördliche Fleißarbeit bleibt, müßte im Umlegungsverfahren überall mit einem Baugebot gearbeitet werden können. Darüber hinaus könnte an weitere Maßnahmen zur sinnvollen Bebauung gedacht werden (wie zum Beispiel Anschluß an eine Fernheizung, gemeinsame Tiefgaragen, Sammelantennen für Fernsehempfang), Maßnahmen, die in einem amtlichen Umlegungsverfahren bisher nicht getroffen werden können.

Das Instrument der Umlegung kann auch zur Beschaffung von Bauland für den Gemeinbedarf eingesetzt werden. Bisher können nur Straßen und Grünflächen aus der Umlegungsmasse für die Gemeinde ausgeschieden werden. Ein Siedlungsgebiet ist jedoch noch nicht ausreichend versorgt, wenn Straßen gebaut und Grünanlagen angelegt sind. Dazu gehören Schulen, Kindergärten, Sportanlagen usw. Auch solche Flächen öffentlicher Nutzung sollten im Umlegungsverfahren der Gemeinde zugeteilt werden können. Bonczek (Ernst/Bonczek 1971, S. 80) meint, daß es genügen würde, wenn solche Zuteilungen gegen Stellung von Ersatzland außerhalb des Umlegungsgebiets möglich seien. Das wird aber nicht ausreichen. Die meisten Gemeinden sind am Ende ihrer Baulandreserven. Das Gesetz müßte deshalb vorsehen, daß der volle Umlegungsvorteil grundsätzlich in Fläche abgeschöpft wird. Darüber hinaus müßte das Gesetz ermöglichen, daß auch weitere Gemeinbedarfsflächen der Gemeinde zugeteilt werden können. Würde das Gesetz entsprechend geändert, so wäre das keine umwerfende Neuerung. Bis zum Inkrafttreten des Bundesbaugesetzes war es zum Beispiel nach dem baden-württembergischen Baulandgesetz vom 18. Februar 1926/24. September 1948 (Reg.Bl. 1948, S. 157) möglich, neben den Verkehrs- und Erholungsflächen auch Flächen für sonstige öffentliche Zwecke bis zu 20 v. H. der Umlegungsmasse aus dieser auszuscheiden (§ 7 Abs. 3 BLG). Vielleicht würde es sich empfehlen, eine Obergrenze für einen solchen zusätzlichen Landabzug zu bestimmen. Wäre es möglich, im Bebauungsplan Flächen für den sozialen Wohnungsbau festzusetzen, so wäre die Umlegung das geeignete Mittel, diese Festsetzungen durchzusetzen – möglicherweise durch eine Zuteilung solcher Flächen an die Gemeinde. Auch das ist bisher nur bei freiwilligen Bodenordnungsverfahren, zum Beispiel nach dem Stuttgarter Modell, möglich (vgl. Tesmer 1971, S. 161).

Durch verhältnismäßig einfache Änderungen ließe sich ein Teil der Baulandnot der Gemeinden beheben. Auch dem Mangel an Grundstücken für den sozialen Wohnungsbau könnte abgeholfen werden.

Planungswertausgleich

Das Bundesbaugesetz kennt den Ersatz von Planungsschäden. Wer durch die Planung einen Nachteil erleidet, muß entschä-

digt werden. Wer durch die Planung Vorteile hat, kann diese jedoch, abgesehen vom Fall der Umlegung, ungeschmälert behalten. Es handelt sich um die oft zitierte Privatisierung der Gewinne, der die Sozialisierung der Verluste gegenübersteht.
Nur die Einführung eines allgemeinen Planungswertausgleichs würde die paradoxe Rechtslage beseitigen, denn dieser seltsame Gegensatz kann nicht dadurch beseitigt werden, daß der Planungsschadenausgleich aufgehoben wird. Allerdings könnte der Ausgleich auf nachweisbare Schäden in der ausgeübten oder unmittelbar bevorstehenden Nutzung beschränkt werden.
Die Idee des Planungswertausgleichs war schon in den Entwürfen zum Bundesbaugesetz enthalten. Verschiedene Variationen des Gedankens wurden entwickelt. Der Grundgedanke ist der, daß, wenn eine bauliche Nutzbarkeit durch einen Bebauungsplan neu begründet oder verbessert wird, der Grundstückseigentümer den durch die Planung verursachten »Mehrwert« der Grundstücke an die Gemeinde zu bezahlen hat (vgl. dazu Bielenberg 1969, S. 44ff.).
Der Planungswertausgleich würde zwar der Gerechtigkeit Genüge tun; ob darüber hinaus die mit ihm bezweckten Ziele erreicht würden, ist zweifelhaft. Die englischen Erfahrungen sind nicht nur ermutigend (Hamann 1969, S. 56 ff., 83). Ob tatsächlich eine Unabhängigkeit der Stadtplanung von den Eigentümerinteressen erreicht würde und ob ein Angebotsdruck auf dem Grundstücksmarkt entstünde, ist nicht sicher. Allerdings würde erreicht, daß die Gemeinden zur Finanzierung der Folgelasten, die sich aus der Erschließung neuer Baugebiete ergeben, finanziell eher in der Lage wären (siehe auch Pohl 1971/II, S. 89). Zusammen mit anderen, besonders steuerrechtlichen Maßnahmen, ließen sich jedoch durch den Planungswertausgleich die angestrebten Ziele mindestens fördern.

C 3 Steuerreform

Die Diskussion über eine Veränderung der steuerlichen Behandlung des Bodens ist unübersichtlich und wird zum größten Teil nur in Expertenkreisen geführt. Das hängt zum Teil mit den besonderen Schwierigkeiten dieses Problems zusammen. Für die interessierte Öffentlichkeit ist diese Situation jedoch insofern unbefriedigend, als bei der Präsentation der verschiedenen Vorschläge die grundlegenden Zielvorstellungen nicht genügend klargemacht werden. Deshalb soll hier zunächst noch einmal an die in Kapitel A 6 aufgestellten und einige weitergehende allgemeine Ziele für die Reform der Besteuerung des Bodens erinnert werden:

- Abbau der steuerlichen Privilegierung des Bodens im bestehenden Steuerrecht;
- Erschwerung der Bodenspekulation;
- Dämpfung des Preisauftriebs;
- Abschöpfung der Wertsteigerung;
- Druck zur plangerechten Nutzung;
- Erhöhung der Verkaufswilligkeit der Eigentümer;
- Begrenzung der Überwälzbarkeit der Steuer;
- Einfachheit in der Durchführung für den betroffenen Bürger und die Finanzverwaltung.

Es liegt auf der Hand, daß diese Ziele sich zum Teil direkt widersprechen. Diese Frage soll jedoch hier nicht diskutiert werden; vielmehr soll an jedem einzelnen Vorschlag zur Steuerreform geprüft werden, wie groß sein Beitrag zur Erreichung der verschiedenen Ziele ist. Zuvor muß jedoch das Problem der Einheitswerte behandelt werden, um die vorgeschlagenen Einzelregelungen zur Besteuerung verständlich zu machen.

Das geltende Steuerrecht schreibt vor, daß Grundstücke und Gebäude nicht nach ihrem tatsächlichen Verkehrswert besteuert werden, sondern nach dem Einheitswert. Dieser Wert wird aufgrund von Gesetzen zu einem bestimmten Stichtag von der Finanzverwaltung festgelegt: die »Wertverhältnisse« dieses Stichtags sind für alle Bewertungen maßgebend. Diesen Vorgang nennt man »Hauptfeststellung«. Der Gesetzgeber bestimmt den Zeitpunkt für jede Hauptfeststellung. Teilweise beträgt der Einheitswert heute nur 10% des Verkehrswerts; nach einer Schätzung der Stuttgarter Zeitung vom 2. Juli 1971 erreichen die 1964er Einheitswerte im Schnitt den vierfachen Betrag der Einheitswerte von 1935. Aber 1972 gelten noch immer die Einheitswerte des Jahres 1935.

Deshalb wird in zunehmendem Maß gefordert, die Einheitswerte – unabhängig von allen anderen Veränderungen unseres Steuerrechts – zunächst stärker den tatsächlichen Werten anzupassen. Mit anderen Worten: die Einheitswerte müssen den Verkehrswerten angenähert werden. Das ist ein Gebot der Steuergerechtigkeit. Außerdem kann nur auf diesem Weg die nicht nutzungsbedingte Nachfrage reduziert werden.

Grundsätzlich gibt es zwei Verfahren: Entweder man bleibt beim derzeit geltenden Verfahren der Ermittlung der Einheitswerte durch die Finanzverwaltung – also der *Fremdbewertung* – und verkürzt lediglich die zeitlichen Abstände zwischen den Hauptfeststellungen; oder aber man verzichtet darauf und läßt die Eigentümer den Wert ihrer Grundstücke jährlich selbst festlegen – also eine *Selbsteinschätzung*.

Das heute praktizierte Grundmodell der Fremdeinschätzung ist bei verkürzten Feststellungsfristen – beispielsweise von drei Jahren – deswegen nicht praktikabel, weil der dafür erforderliche Verwaltungsaufwand für die 10 Millionen Grundstücke, die es in der Bundesrepublik gibt, nicht erbracht werden kann und auch nicht gerechtfertigt wäre. Bereits heute erfordern die Aufgaben im Zusammenhang mit der Einheitsbewertung des Grundvermögens rund 15% des Personaleinsatzes der Steuerbeamten für ein Steuereinkommen von rund 8 Milliarden DM (Fredersdorf 1971, S. 16).

Aus diesem Grund wurde der Vorschlag gemacht – entsprechend einer Regelung in Schweden –, die Einheitswerte durch einen festgelegten Zinssatz laufend pauschal zu erhöhen und nur in längeren Abschnitten – beispielsweise von sechs oder zehn Jahren – einer Neubewertung zu unterziehen. Der »Zinssatz« würde vom Gesetzgeber festgelegt und der allgemeinen Wertentwicklung, beispielsweise der Grundpreise entsprechen. Dieser Vorschlag verkennt jedoch die unterschiedliche Entwicklung der Grundstückspreise der einzelnen Regionen. Im Rahmen der Überlegungen zur Steuerreform wurde diskutiert, mehrere »Zinssätze« in unterschiedlicher Höhe festzulegen, die dann etwa für Ballungsgebiete oder ländliche Räume – günstigstenfalls für lokale Quartiere – gelten würden. Es ist aber zu vermuten, daß dieses ziemlich grobe Verfahren eine Vielzahl von gerichtlichen Auseinandersetzungen zur Folge haben würde. Bei einer Verfeinerung mit steigendem Verwaltungsaufwand landet man letztendlich bei der individuellen Fremdeinschätzung.

Das Modell der Selbsteinschätzung könnte uneingeschränkt nicht verwirklicht werden, denn es würde dazu führen, daß die Eigentümer den Wert ihrer Grundstücke zu niedrig veranschlagen würden. Es müßten also bei diesem Verfahren zusätzliche Regeln eingeführt werden, die den Eigentümer zwingen, sein Grundstück möglichst korrekt zu bewerten. In diesem Zusammenhang wurden folgende Regelungen vorgeschlagen:

- Das Finanzamt oder eine zu schaffende Bodenbewertungsstelle kann die Selbsteinschätzung korrigieren, wenn der Wert zu stark vom Verkehrswert abweicht.
- Im Fall der Enteignung wird als Entschädigung dieser Wert der letzten Selbsteinschätzung bezahlt.
- Durch progressive Steuersätze wird der Eigentümer im eigenen Interesse veranlaßt, eine möglichst realistische Selbsteinschätzung vorzunehmen; andernfalls läuft er Gefahr, beim Verkauf oder bei der Korrektur durch das Finanzamt mit einem progressiven Satz besteuert zu werden.
- Um den Eigentümern eine korrekte Selbsteinschätzung zu erleichtern, werden alle Verkäufe, die durchschnittlichen Veranlagungswerte von Zonen und die Richtwerte der Gutachterausschüsse veröffentlicht. Grundlage einer solchen Veröffentlichung wäre die Richtwertkarte für den Boden.

Eine solche Selbsteinschätzung hat Vorteile gegenüber anderen Verfahren. Es darf jedoch nicht verschwiegen werden, daß dieses Verfahren an die Eigentümer hohe Anforderungen stellt.

Auch hinsichtlich der Herstellung der Markttransparenz dürfte sich die Verwaltung im Anfangsstadium schwer tun; vieles davon könnte jedoch schon in wenigen Jahren in Form von Bodenpreiskatastern automatisiert werden. Trotz aller Schwierigkeiten dürfte dieses gemischte Verfahren der Selbst- und Fremdeinschätzung noch am ehesten dazu führen, die steuerlichen Werte den Verkehrswerten anzunähern. Und das muß das Ziel sein, will man die steuerliche Privilegierung des Bodens aufheben.

Wenn man freilich – wie Fredersdorf – mit den fachbezogenen Scheuklappen des Steuerbeamten vor den praktischen Schwierigkeiten kapituliert und auf die Ermittlung realistischer Einheitswerte verzichtet oder gar darauf abzielende Bemühungen als »blanke Illusion« abtut (Fredersdorf 1971, S. 16), dann muß man sich auch über die bodenpolitischen Konsequenzen klar werden; dann bleibt der Boden steuerlich privilegiert, dann werden weiterhin überhöhte Bodenpreise steuerlich belohnt, dann wird jede Art von gerechter Besteuerung des Bodenwertzuwachses von vornherein unmöglich gemacht. Denn ohne realistische Einheitswerte, die sich an den Verkehrswerten orientieren, gibt es auch keine gerechte Besteuerung. Aus dieser »Zwickmühle« gibt es keinen eleganten Ausweg.

Ein grundlegender Gedanke zur wesentlichen Vereinfachung der Erfassung der Einheitswerte ist die getrennte Veranlagung für Boden und Gebäude (siehe auch Ohlmer/Walper 1969, S. 12 ff.). Danach soll für die Bewertung des Bodens der Verkehrswert, für die Bewertung der Gebäude der Ertragswert als Grundlage dienen. Dieser Vorschlag verkennt jedoch im Fall des Ertragswertes bei Gebäuden, daß bei einer solchen Regelung überhöhte Mieten – etwa im Fall von Gastarbeiter-Wohnungen – steuerlich legitimiert werden. So erscheint es vernünftiger, bei Gebäuden vom reinen Gebäudewert auszugehen, der sich errechnen läßt aus den Gestehungskosten, die mit einem Baupreisindex zu multiplizieren und um die Abschreibungen zu vermindern sind.

Eine solche Trennung in der Bewertung zwischen Grundstücken und Gebäuden führt insbesondere dort zu realistischen Einheitswerten, wo Grundstückswert und Gebäudewert sich unterschiedlich entwickeln. Es liegt auf der Hand, daß dieser Fall vor allem für Sanierungsgebiete, aber auch für kleinere städtebauliche Erneuerungen zutrifft, wo der Grundstückswert stark steigt, der Gebäudewert aber sinkt. In diesen Fällen führt das geltende Steuerrecht dazu, daß die Erneuerung steuerrechtlich nicht stimuliert wird, vielmehr im Gegenteil das Verbleiben bei der derzeitigen Nutzung, das heißt das Abwarten einer kräftigen Aufwärtsentwicklung der Preise am Bodenmarkt dem Eigentümer nahegelegt wird. Auf diese Weise kehrt das bestehende Steuerrecht die wirtschaftliche Vernunft des Eigentümers in städtebauliche Unvernunft um. Dies kann durch eine getrennte Bewertung von Boden und Gebäuden vermieden werden, wenn der Boden hoch, die Gebäude niedrig besteuert werden. Das entspricht auch dem Unterschied zwischen nicht vermehrbarem Boden und vermehrbaren Gebäuden; es führt dadurch zu einer ökonomischen Bodennutzung.

Weitere Vorschläge zur Reform der Besteuerung des Bodens

Es gibt eine Vielzahl von Vorschlägen zur Reform der Besteuerung des Bodens. Teilweise unterscheiden sie sich nur in Nuancen oder in der Art der Kombination verschiedener Einzelmaßnahmen. Wenn man versucht, die einzelnen Vorschläge nach den in ihnen enthaltenen konkreten »Bausteinen« zu analysieren, so läßt sich daraus folgender Katalog entwickeln:

- Abschaffung der Grunderwerbsteuer;
- Abschaffung der steuerlichen Begünstigung von Veräußerungsgewinnen bei Reinvestitionen (§ 6b EStG);
- Getrennte Besteuerung von Grundstücken und Gebäuden;
- Besteuerung realisierter Gewinne *mit* verlängerter Frist (§§ 22 und 23 EStG);
- Besteuerung realisierter Gewinne *ohne* Frist;
- Besteuerung von unbebautem Bauland;
- Besteuerung von nicht-realisierten Gewinnen;
- Allgemeine Besteuerung des Wertzuwachses beim Boden.

Diese einzelnen Maßnahmen sollen näher beschrieben und hinsichtlich ihres Beitrags zur Erreichung der Ziele einer Steuerreform beurteilt werden.

Die *Angleichung der Einheitswerte an die Verkehrswerte* ohne eine weitergehende Änderung unseres Steuerrechts stellt die elementarste Voraussetzung für einen Abbau der Steuerprivilegien und eine Eindämmung der Bodenspekulation dar. Wenn dieses Problem nicht gelöst wird, können alle anderen Pläne vergessen werden; sie sind dann nicht durchführbar. Insofern ist die Angleichung der Einheitswerte an die Verkehrswerte aus politischer Sicht ein strategisches Problem, das gelöst werden muß.

Neben der Angleichung der Einheitswerte an die Verkehrswerte sollte bei der Reform der steuerlichen Behandlung des Bodens unbedingt darauf geachtet werden, daß es in Zukunft nur noch eine Stelle in der öffentlichen Verwaltung gibt, die sich mit der Festsetzung von Werten für den Boden beschäftigt, und zwar unabhängig davon, ob es sich um die Festsetzung von steuerlichen Werten oder Entschädigungsleistungen handelt. Es wäre unerträglich und würde zu »krummen Touren« einladen, wenn die öffentliche Hand bei der Festsetzung von Bodenwerten weiterhin mit gespaltener Zunge reden würde.

Die *Abschaffung der Grunderwerbsteuer* wird schon deswegen gefordert, weil es sich hier um eine reine Umsatzsteuer und damit ein Relikt aus vergangenen Zeiten handelt. Das ist ein formales, nur den Steuerfachmann interessierendes Argument. Es gibt aber eine ganze Reihe gewichtiger Gründe, die insbesondere Ostendorf formulierte (Ostendorf 1971, S. 138 ff.):

- Durch zahllose Befreiungsvorschriften, die von Bundesland zu Bundesland verschieden sind, sind mittlerweile 80 Prozent aller Erwerbsvorgänge von dieser Steuer befreit.
- der häufigste Fall, in dem die Grunderwerbsteuer noch erhoben wird, ist der Verkauf bereits erstellter Wohnungen oder Häuser zwischen Privatpersonen. Damit leidet »die Mobilität der Arbeitskräfte unter der Grunderwerbsteuer, da ein Arbeitnehmer nach dreimaligem Arbeitswechsel und dreimaligem Erwerb eines anderen Hauses 21% des Wertes seines Grundbesitzes eingebüßt hat«.
- Die Grunderwerbsteuer wirkt kumulativ und widerspricht damit der jetzt gültigen Besteuerung nach dem Mehrwert.

Es bleibt freilich ein gewichtiges Argument für die Grunderwerbsteuer: Sie bringt den Kreisen und Gemeinden Einnahmen von rund einer Milliarde DM jährlich. Dieser Verlust müßte durch eine andere Steuer – beispielsweise eine Wertzuwachssteuer – ausgeglichen werden.

Das bestehende Steuerrecht legt fest, daß Gewinne aus Grundstücksveräußerungen von Unternehmen dann nicht versteuert werden müssen, wenn der Gewinn für den Kauf eines anderen Grundstücks wieder verwendet wird (EStG § 6b). Die *Abschaffung dieser steuerlichen Begünstigung bei Reinvestition* wird aus zwei Gründen gefordert:

- In der Praxis hat sich gezeigt, »daß diese Vergünstigung fast ausschließlich Großbetrieben zugute kommt« (SPD 1971, S. 14).
- Die Abschaffung dieser Begünstigung bringt erhebliche Mehreinnahmen.

Andererseits wird vorgebracht, daß diese Bestimmung in vielen Fällen stadtplanerisch sinnvoll ist, beispielsweise um wertvolle Innenstadt-Flächen intensiv zu nutzen.

Ein möglicher Ausweg aus diesem Widerspruch könnte eine Regelung sein, die diese generelle Begünstigung aufhebt, aber in begründeten Einzelfällen (bei Sanierung oder anderen öffentlichen Maßnahmen) zuläßt; dabei ist auch daran zu denken, daß die Begünstigung nur für die Beschaffung angemessener Ersatzflächen gilt, also nicht generell für den Gesamterlös. Durch die Abschaffung dieses Steuerprivilegs wird auch ein Beitrag zur Verminderung der steuerrechtlich bedingten überhöhten Nachfrage geleistet.

Verschiedentlich wurde – in Anlehnung an eine Bestimmung in Dänemark – der Vorschlag gemacht, neben einer getrennten Bewertung von Grundstücken und Gebäuden auch *getrennte Besteuerung von Grundstücken und Gebäuden* mit unterschiedlichen Steuersätzen durchzuführen. Dabei soll der Steuersatz für den Boden erheblich höher liegen als der Steuersatz für Gebäude. Dies würde dazu führen, daß ein steigender Bodenwert sich steuerlich spürbar beim jeweiligen Eigentümer niederschlägt. Die Wirkung einer solchen Regelung ist leicht erkennbar: Bei ungenutztem Bauland entsteht ein Zwang zur Bebauung oder zum Verkauf; bei bebautem Land entsteht ein Risiko, teilweise sogar eine steuerliche Bestrafung für die Zurückhaltung des Bodens vom Markt. In Dänemark »wurden durch die Besteuerungsart in den ersten zwei Jahren der Gültigkeit bereits 2,8 Millionen Kronen an Spekulationsgewinnen verhindert« (Ohlmer/Walper 1969, S. 17).

Nach dem bestehenden Steuerrecht brauchen Gewinne aus Grundstücksveräußerungen auch dann nicht versteuert zu werden, wenn zwischen Anschaffungs- und Veräußerungszeitpunkt mehr als zwei Jahre liegen. Diese *Besteuerung realisierter*

Gewinne mit einer Frist (§§ 22 und 23 EStG) sollte auf alle Fälle verschärft werden. Eine Zwei-Jahres-Frist hat weder steuerrechtlichen noch bodenpolitischen Sinn.
Auch in anderen Ländern gibt es solche Vorschriften; allerdings beträgt die Frist in Belgien acht Jahre, in Frankreich fünf bis sieben Jahre und in Großbritannien mindestens drei Jahre. In dem 1971 veröffentlichten Bericht der Eberhard-Kommission zur Reform des Steuerrechts in der Bundesrepublik wurde eine Heraufsetzung der Frist von zwei auf acht Jahre vorgeschlagen. Auch die Bundesregierung empfiehlt die Heraufsetzung der Frist auf acht Jahre.
In diesem Zusammenhang ist zu erwähnen, daß jede zeitliche Begrenzung der Versteuerung von Grundstücksgewinnen eine Vergünstigung darstellt. Außerdem führt eine solche Regelung zwangsläufig dazu, daß die Eigentümer sich über den gesetzten Zeitpunkt hinwegzuretten versuchen, um einer Besteuerung zu entgehen. Das bedeutet eine »künstliche« Verknappung des Angebots an Boden.
Aus diesen bodenpolitischen Gründen wie auch aus Gründen der Steuergerechtigkeit wurde deswegen in einem Minderheitsgutachten der Eberhard-Kommission gefordert, die Grundstücksveräußerungsgewinne zeitlich unbeschränkt der Besteuerung zu unterwerfen. Diese Art der *Besteuerung realisierter Gewinne ohne zeitliche Begrenzung* würde einen Teil der Privilegierung des Bodens in unserem Steuerrecht beseitigen; andererseits kann jedoch nicht bestritten werden, daß eine solche Beschränkung auf realisierte Gewinne die Gefahr in sich birgt, daß die steuerliche Belastung abgewälzt wird. »Alle Erfahrungen mit dem Bodenmarkt zeigen immer wieder, daß steuerliche Belastungen der Wertsteigerungsgewinne, die im Umsatzzeitpunkt fällig werden, als Instrumente der Bodenpolitik unbrauchbar und unwirksam sind« (Städtebaubericht 1970, S. 41). Solche Steuern müssen angesichts der Knappheit des Bodens preissteigernd wirken, schaffen also zusätzliche Belastungen der Kaufwilligen.
Anders ist jedoch die *Besteuerung von unbebautem Bauland* zu bewerten. Sie schafft einen unmittelbaren Verkaufsdruck – oder einen Zwang zur Bebauung. Das gilt insbesondere für Großgrundbesitzer, die Bauland hektarweise horten. Hier würde die Baulandsteuer den Eigentümer zu einem teilweisen Verkauf zwingen. Freilich ist es möglich, daß es dabei zu einer

teilweisen Überwälzung der Steuer kommt. Der Umfang der Überwälzung hängt jedoch in starkem Maße vom lokalen Markt ab.
Ähnlich würde die *Besteuerung von nicht realisierten Gewinnen* wirken. Diese Steuer – die von der Steuerreformkommission der SPD in zwei Varianten empfohlen wird – würde für bebaute und unbebaute Grundstücke gelten und wäre nur vereinzelt auf die Käufer abwälzbar, weil eine seit Jahren bezahlte Wertzuwachsabgabe nicht mehr weitergegeben werden kann; sie übt außerdem einen Zwang zur angemessenen Nutzung, das heißt auch zur Bebauung aus und eröffnet erhebliche Finanzquellen für die öffentliche Hand. Allerdings müßte durch angemessene Freibeträge bei eigengenutzten Grundstücken die zusätzliche Belastung der Privathaushalte beschränkt werden; außerdem wären alle Grundstücke mit Sozialwohnungen auszunehmen, um Mietsteigerungen aufgrund dieser Steuer für diese Art von Wohnungen zu vermeiden. Ähnliche Regelungen müßten für die Landwirtschaft gefunden werden mit dem Ziel, die allgemeine – das heißt normale – Wertsteigerung durch diese Steuer nicht zu erfassen. Das könnte in Form von Freibeträgen geschehen oder von festgelegten Prozentsätzen – etwa 4 bis 5 % –, die in der Wertsteigerung überschritten werden müssen, bevor es zu einer Besteuerung kommt. Einschränkend ist anzumerken, daß die Preiserhöhungen, die durch eine solche Besteuerung verursacht werden, etwa bei Altbaumieten zu sozial unerwünschten Konsequenzen führen. Beide von der Eppler-Kommission zur Diskussion gestellten Verfahren berücksichtigen den Gesichtspunkt, daß »nur außergewöhnliche Wertsteigerungen erfaßt werden« (SPD 1971, S. 22). Sie unterscheiden sich lediglich im Verfahren zur Feststellung des steuerlichen Wertes: Im einen Fall (Modell A) wird von einer Selbsteinschätzung ausgegangen, im anderen Fall (Modell B) von einer Fremdeinschätzung, die »alle 6, gegebenenfalls alle 3 Jahre durchgeführt wird« (SPD 1971, S. 31).
Diese beiden Vorschläge lagen dem Steuerparteitag der SPD im Jahre 1971 vor. Dabei kam es zu keiner endgültigen Entscheidung, welchem Modell der Vorzug zu geben sei. Auf einem kommenden Parteitag soll die Frage der Besteuerung des Bodens im Gesamtzusammenhang mit der Reform unseres Bodenrechts diskutiert und analysiert werden.
Gegen den Vorschlag der Besteuerung nichtrealisierter Wert-

steigerungen wurde von anderer Seite eingewandt, daß Gewinne nach unseren Steuergrundsätzen nur in der Periode der Realisation steuerlich erfaßt werden dürften.
Dazu ist dreierlei zu sagen. Erstens hat der Wissenschaftliche Beirat beim Bundesfinanzminister bereits 1967 in einem Gutachten dazu ausgeführt: »Grundsätzlich erhöht jeder Reinvermögenszuwachs das Einkommen des betreffenden Kalenderjahres und wäre demgemäß zusammen mit dem laufenden Einkommen des Veranlagungszeitraumes zu besteuern.« Zweitens werden die Wertsteigerungen auch ohne Verkauf bereits vorher teilweise realisiert. Beispielsweise in Form von Mieterhöhungen oder bei einer Beleihung des Grundstücks wird im Regelfall vom steigenden Verkehrswert ausgegangen. Und drittens ist es im Einkommensteuerrecht selbstverständlich, Wertminderungen als Abschreibungen steuerlich geltend zu machen, bevor sie realisiert sind.
Von der Besteuerung der nicht realisierten Gewinne ist es nur noch ein kleiner Schritt zu einer *allgemeinen Besteuerung des Wertzuwachses beim Boden.* Sie entsteht praktisch aus einer Verbindung der Besteuerung nicht realisierter Gewinne und realisierter Gewinne ohne zeitliche Begrenzung. Damit erfaßt diese Wertzuwachssteuer alle Wertzuwächse der Grundstücke unabhängig davon, ob sie durch Verkauf realisiert wurden oder nicht. Wie bei der Besteuerung nicht realisierter Gewinne ist jedoch darauf zu achten, daß durch entsprechende Freibeträge oder Sonderregelungen

- Grundstücke mit Eigennutzung erst ab einer bestimmten Grenze erfaßt werden;
- Grundstücke mit Sozialwohnungen unberücksichtigt bleiben;
- die Masse der landwirtschaftlich genutzten Flächen nicht belastet werden;
- nur außergewöhnliche Wertsteigerungen erfaßt werden.

Um zu verdeutlichen, daß mit einer solchen Besteuerung realisierter und nicht realisierter Gewinne eine beachtliche Finanzierungsquelle erschlossen wird, sei auf eine Schätzung des Bundesministeriums für Wohnungswesen und Städtebau hingewiesen, die zu dem Schluß kommt, daß von 1971 bis 1980 insgesamt 50–80 Milliarden DM an Werterhöhungen allein beim Übergang von Ackerland in Bauland anfallen (Lauritzen 1971/II, S. 2).

Die Bedeutung einer Steuerreform für eine soziale Bodenordnung

Wer sich bei der Entwicklung einer sozialen Bodenordnung ausschließlich auf das Steuerrecht verlassen wollte, wäre mit Sicherheit verlassen. Gerade auf diesem Gebiet kann das Steuerrecht immer nur begleitendes, unterstützendes Instrument für andere wirksame Maßnahmen sein.

Trotz der beschränkten Wirkungen einer Veränderung unseres Steuerrechts für eine soziale Bodenordnung darf nicht übersehen werden, daß der Steuerreform für die Bodenordnung Bedeutung zukommt. Denn der Hinweis: »Keine noch so drastische Sonderbesteuerung der Eigentümer baureifen Geländes vermag das in den Verdichtungsräumen zur Verfügung stehende Land zu vermehren« (Ostendorf 1971, S. 138) ist ebenso einfältig wie ökonomisch irreführend, denn er verkennt das Problem: Der Abbau der steuerlichen Privilegierung des Bodens als Anlagegut. In dem Maße, in dem es gelingt, diese Privilegierung auszuschalten, wird auch die »spekulative« Nachfrage zurückgehen. Und das wirkt für die restlichen, also die »nichtspekulativen« Nachfrager angebotserweiternd. Wie wirksam dieser Prozeß ist, hängt nicht zuletzt davon ab, ob bei der Steuerreform der mutige Schritt zu einer großen Lösung getan wird; mit kleinen Schritten ist hier nichts zu verändern.

Das Problem der nicht nutzungsbezogenen Nachfrage nach Grundstücken wird man nicht vollständig lösen können, denn es wird in unserer Wirtschaftsordnung immer Menschen geben, die auf die Wertbeständigkeit des Bodens besonders vertrauen und deswegen mindestens einen Teil ihres Geldes in Grundstükken anlegen. Bei hohen gesamtwirtschaftlichen Preissteigerungsraten wird diese Tendenz verstärkt.

Bei einem Vergleich der verschiedenen Maßnahmen und ihrem Beitrag zur Erreichung der Ziele wird deutlich: Die Steuerreform kann zwar die Finanzeinnahmen besonders der Gemeinden dadurch erhöhen, daß sie an der Wertsteigerung des Bodens teilnehmen; sie wird sicherlich auch in vielen Fällen einen Zwang zur Bebauung ausüben; teilweise dürfte es auch möglich sein, über eine Steuerreform zu einer Abschöpfung der Spekulationsgewinne und einer Ausweitung des Angebots an Boden zu gelangen; offen bleibt jedoch die Frage, in welcher Weise diese steuerlichen Belastungen über die Mieten und die

Preise abgewälzt werden können und dadurch der unge-wünschte Effekt einer zusätzlichen, durch die öffentliche Hand verursachten Verteuerung entsteht. Diese Gefahr ist besonders dann akut, wenn auf den Einsatz neuer bodenrechtlicher Instrumente aus falsch verstandener politischer Rücksicht-nahme verzichtet wird. Deswegen sollte eine Steuerreform immer nur im Zusammenhang und als begleitende Maßnahme für ein soziales Bodenrecht stehen.

C 4 Der öffentliche Boden

Bei der Diskussion um ein neues Bodenrecht spielt der Grundbesitz der öffentlichen Hand eine entscheidende Rolle. Die Gemeinden mit mehr als 100 000 Einwohnern besaßen zum Beispiel am 31. Dezember 1969 31,8% des Gemeindegebietes als Eigentum, die Gemeinden mit 10 000 bis 100 000 Einwohnern 24,1%. Dabei handelt es sich häufig um noch unbebaute Flächen, in vielen Fällen auch um unbebaubare, das heißt auch zukünftig als Grünland vorgesehene und notwendige Flächen. Hinzu kommen die Grundstücke der Körperschaften öffentlichen Rechts – auch der Kirchen –, die nicht unbeträchtlich sind. Das Verhalten der öffentlichen Hand am Bodenmarkt und die Verwaltung des öffentlichen Grundbesitzes sind bei der Entscheidung über bodenrechtliche Maßnahmen zu berücksichtigen, denn nicht zuletzt hat die Grunderwerbsnot der Kommunen, ihre finanzielle und rechtliche Unfähigkeit, bei den derzeitigen Bodenpreisen im freien Erwerb, im Vorkaufsrecht oder über die Enteignung den für die Gemeinschaftsaufgaben notwendigen Boden zu bekommen, die Diskussion um ein neues Bodenrecht ausgelöst.

Von wenigen Ausnahmen abgesehen, verhält sich die öffentliche Hand am Bodenmarkt wie jeder private Bodeneigentümer. Vor allem im Grundstücksverkehr zwischen Bund, Ländern und Kommunen wird gehandelt, als ginge es nicht um öffentliche Mittel, sondern um privaten Profit. Dabei entstehen absurde Situationen, etwa beim Straßenbau, wo eine Kommune Bundes- und Landesgrundstücke zum Verkehrswert erwirbt, wobei Bund und Land den Erwerbspreis über die Finanzierung des Straßenbaus wieder selbst zu 50 und 30%, zukünftig bei Reduzierung der kommunalen Komplementärmittel sogar zu 90% finanzieren. Die Kosten für den Steuerzahler sind in jedem Fall gleich, weil letztlich alles aus Steuermitteln bezahlt

wird. Der Verwaltungsaufwand, der aus dieser fiskalischen Töpfchenwirtschaft resultiert, ist jedoch unnötig. Wer mehrfach erlebt hat, wie Dutzende ausgepichter Liegenschafts- und Fiskaljuristen von Bund, Land und Gemeinde monatelang im Clinch liegen, fragt sich, wie es mit der Wirtschaftlichkeit einer öffentlichen Verwaltung bestellt ist, wenn solcher Unsinn nicht geändert werden kann. Der Gerechtigkeit halber muß allerdings darauf hingewiesen werden, daß die Untätigkeit des Gesetzgebers bei der Festlegung der Gemeinschaftsaufgaben und einer sinnvollen Regelung der Finanzierung diese Töpfchenwirtschaft auf ein und demselben Herd geradezu erzwingt.
Im Bodenverkehr mit Privaten verhält sich die öffentliche Hand unterschiedlich: Beim Erwerb zahlt sie den Verkehrswert, wenn sie überhaupt mit anderen Bietern mithalten kann. In einzelnen, in der Regel politisch bedingten Fällen, vor allem im Grundstücks-Eldorado Bayern, werden auch einmal höhere Preise gezahlt, doch das sind Ausnahmen, und solange nicht der Rechnungshof oder ein mutiger Abgeordneer eingreift, gibt es weder Kläger noch Richter. Bei der Veräußerung von Grundstücken gibt es die politisch bedingten Verkäufe unter Verkehrswert an verdiente gute und gut verdienende »Freunde«, mit allen dazugehörigen Tricks. Ob das zugespielte Vorinformationen aus dem Gemeinderat über zukünftige Baugebiete sind – Erwerb als Ackerland, Flächennutzungsplan, Verkauf als Bauerwartungsland oder nach Bebauungsplan als Bauland – oder der Verkauf von Einfamilienhausparzellen zum Verkehrswert mit nachträglicher Bebauungsplanänderung auf höhere Nutzung, der Möglichkeiten sind viele. Diese ständige schleichende Korruption ist kein spezifisch bodenrechtliches Problem. Dagegen sind Novellierungen der Gemeindeordnungen (prinzipielle Öffentlichkeit) und ein allgemeiner Verhaltenskodex für Mandatsträger notwendig. Die Glaubwürdigkeit des parlamentarischen Systems wird nicht zuletzt vom Zustandekommen solcher Regelungen abhängen; Beschwichtigungen reichen angesichts der Fülle der Skandale von Gerstenmaier und Finck bis Kalinowski und Kun nicht mehr aus.
Es gibt jedoch auch zahlreiche Fälle des Verkaufs öffentlichen Grundbesitzes zu günstigen Konditionen, die durchaus im öffentlichen Interesse liegen. Eine gemeinnützige Stiftung will ein Heim für gelähmte Kinder bauen; ein Unternehmer ist bereit, strukturpolitisch erwünschte neue Arbeitsplätze zu

errichten; eine wissenschaftliche Koryphäe soll für eine nicht übermäßig attraktive Hochschule gewonnen werden; eine große Wohnungsbaugesellschaft will sozialen Wohnungsbau betreiben. Dabei fließen allerdings manchmal die Grenzen zwischen öffentlichem Interesse und Korruption.

Öffentliches Interesse liegt vor allem bei der Umwelt- und Strukturpolitik vor. Doch in vielen Fällen ist höchst strittig, was das öffentliche Interesse erfordert. Die Praxis der kommunalen Gewerbesteuer, die immer noch einen wesentlichen Teil des Steueraufkommens der Gemeinden ausmacht, verfälscht beispielsweise zahlreiche Planungs- und Grundstücksentscheidungen: Die Gemeinden sind auf wachsende Gewerbesteuern angewiesen und stellen Boden zur Ansiedlung von Betrieben zu günstigen Konditionen zur Verfügung, obgleich diese Ansiedlung in vielen Fällen einer vernünftigen Infrastrukturplanung mit ökonomischem Mitteleinsatz entgegensteht, ganz zu schweigen von Landschafts- und Umweltschutz. Auf Dauer ist Planung im öffentlichen Interesse nur möglich, wenn das System der Gewerbesteuer so geändert wird, daß die planende Gemeinde nicht ihre Entscheidungen vorrangig unter dem Aspekt ihres Steueraufkommens fällen muß. Doch auch nach einer Reform der Gewerbesteuer wird es Fälle geben, wo das öffentliche Interesse an einer bestimmten Bodennutzung die Veräußerung unter dem Verkehrswert rechtfertigen kann. Nach welchen Kriterien soll die öffentliche Hand Boden erwerben und veräußern? Wie soll sie sich am Bodenmarkt verhalten?

Für den Erwerb gilt, daß eine langfristige Bodenvorratspolitik der Kommunen unmöglich ist, solange der Verkehrswert maßgeblich ist. Auch der Umweg über halböffentliche Grunderwerbsgesellschaften führt nicht weiter, wie das Beispiel der STRADA in Stockholm zeigt (Passow, 1970). Erstens ist auch hier der Verkehrswert zu zahlen, wenngleich im Entwicklungsgebiet Boden durch Strohmann-Erwerb einer solchen Gesellschaft gelegentlich günstiger erworben wird als durch die Stadt. Zweitens aber, und das ist ungleich schwerwiegender, wird durch solche Grundstücksgesellschaften das Verhalten der Kommune am Bodenmarkt völlig der Kontrolle der gewählten Mandatsträger entzogen. Weder das finanzielle Gebaren dieser Gesellschaften noch die Auswirkungen auf die Planung sind demokratisch nachprüf- und beeinflußbar. Der souveräne

Gemeinderat begibt sich seiner Rechte und Pflichten, die Verwaltung bestimmt allein. Diese Lösung, so effizient sie sein mag, muß aus demokratischen Gründen ausscheiden. Bodenverkehr der öffentlichen Hand gehört wie alle Planungsentscheidungen in die Öffentlichkeit; die jetzt praktizierte Nichtöffentlichkeit der Entscheidungsprozesse in vielen Kommunen mit der Begründung, man wolle die Spekulation nicht anheizen, ist fadenscheinig – wer wirklich erfahren will, wo Ackerland zu Bauland werden wird, und wer das Geld hat, dort einzusteigen, der hat auch »Zugang« zu nichtöffentlichen Sitzungen.

Somit bleibt für den Erwerb, für eine langfristige kommunale Bodenvorratspolitik im Interesse einer zukunftssicheren Planung nur der Weg der Gesetzgebung: Ausdehnung des Enteignungsrechts auf die Gemeinschaftsaufgabe sozialer Wohnungsbau; gesetzliche Fixierung der »gerechten Abwägung der Interessen der Allgemeinheit und der Beteiligten« (Art. 14 GG); Möglichkeit der Flächenenteignung; Vereinfachung des Verfahrensrechts und Reduzierung der Rechtsmittelinstanzen; Abschöpfung der Planungsgewinne; Verbesserung des kommunalen Vor- und Zwangskaufrechts – es gibt eine Fülle rechtlicher Möglichkeiten zur Verbesserung der kommunalen Bodenerwerbssituation. Ein wesentlicher und politisch rasch realisierbarer Beitrag zur Verbesserung der kommunalen Erwerbslage wäre die gesetzliche Fixierung des »Stuttgarter Modells«, das im Prinzip auf eine freiwillige Umlegung mit Sozialabgabe hinausläuft, das heißt auf eine größere Bodenabschöpfung für den Gemeinbedarf (einschließlich des sozialen Wohnungsbaus) zu Preisen unter dem Verkehrswert im Zuge der Umlegung. Dieses bisher nur freiwillig und unter planerischen Zugeständnissen an die Eigentümer mögliche Verfahren gesetzlich zu normieren, würde die Situation im Neubaugebiet und damit für den sozialen Wohnungsbau entscheidend verbessern.

Während unter den Fachleuten über die Verbesserung der Erwerbssituation im Prinzip Einigkeit herrscht – im Detail gibt es sicher unterschiedliche Auffassungen –, ist über die Regelungen für die Veräußerung öffentlichen Grundbesitzes keineswegs eine einheitliche Auffassung vorhanden. Es wäre aber kurzsichtig, der öffentlichen Hand den Zugang zum Boden zu erleichtern ohne gleichzeitig festzulegen, ob, wann

und wie sie Boden abgeben darf. Zwei grundsätzlich verschiedene Auffassungen stehen sich gegenüber: Marktwirtschaft und Kommunalisierung.
Die erste geht davon aus, daß ein funktionierender Bodenmarkt möglich ist, das heißt, daß bodenreformerische Maßnahmen auf Wiederherstellung, zumindest Entspannung des Bodenmarktes zielen müssen. Durch Reprivatisierung öffentlichen Bodeneigentums, etwa des Durchgangseigentums der Gemeinde nach der Sanierung (§ 25 StBauFG) an die früheren Eigentümer und durch Privatisierung öffentlichen Bodeneigentums beziehungsweise Durchgangseigentums an andere Interessenten soll das Angebot verstärkt, sollen die Bodenpreise stabilisiert werden. Beispielhaft hierfür war die Haltung der CDU/CSU-Mehrheit im Bundesrat bei der Verabschiedung des Städtebauförderungsgesetzes (StBauFG). Argumentiert wird mit der Marktwirtschaft, die auch beim Boden die beste Nutzungssteuerung darstelle, und mit der Eigentumsideologie, nach der möglichst jeder Bürger Eigentum bilden solle, weil nach guter liberalistischer Auffassung erst das Eigentum den freien Bürger ausmache. Das heißt freilich auch: Bei weiter steigender Nachfrage und steigenden Preisen wird die Bildung von Bodeneigentum beim »kleinen Mann« nur unter großen Opfern möglich, die Gewinne machen die finanzkräftigen Bieter, das sind Banken, Versicherungen, Bodengesellschaften, Baugesellschaften. Unter dem Vorwand, es gehe um die Eigentumsbildung der »kleinen Leute« wird einmal mehr Politik für die Großen gemacht. Auch die SPD ist nicht frei von solchen Trugschlüssen. Das Gesetz über die »verbilligte Veräußerung, Vermietung und Verpachtung von bundeseigenen Grundstükken« vom 16. Juli 1971, eingebracht vom früheren Bundesfinanzminister Dr. Alex Möller, ist in seiner Begründung typisch für die nicht ausdiskutierten eigentumspolitischen Vorstellungen der SPD. Hier wird allen Ernstes behauptet, die verbilligte Abgabe bundeseigenen Bodens könne den Bau von öffentlich geförderten, sozialen oder steuerbegünstigten (!) Wohnungen erleichtern und die Eigentumsbildung breiter Schichten fördern (Bundesgesetzblatt 1971, S. 1005). Die Vorstellung des damaligen Parlamentarischen Staatssekretärs Dr. Reischl (SPD) aus Bayern, die Bundesregierung könne damit »entscheidend zu einer Beruhigung der Preisentwicklung auf dem Grundstücksmarkt beitragen« (Reischl 1971, S. 4), ist naiv oder unehrlich.

Man kann nur hoffen, daß Länder und Gemeinden der Aufforderung der Bundesregierung, diesem Beispiel zu folgen, nicht nachkommen werden. Die »Welt am Sonntag« (17. Januar 1971) hat dieses Gesetz dann auch zu Recht als »Flitspritze gegen Elefanten« bezeichnet, denn schon seit 1961 verkauft der Bund Boden unter Verkehrswert, insgesamt bis 1971 1 255 ha für 136 Millionen DM mit 19 Millionen DM Rabatt, und das praktisch ohne Wirkung auf die Bodenpreise. 1971 wird von 34 000 ha geredet – Bodenbesitz in Bundeshand 300 000 ha –, von denen für gewerbliche Zwecke, vorwiegend im Zonenrandgebiet, 6 000 ha in Frage kommen. Für den Wohnungsbau kommen ganze 500 ha in Betracht (Welt am Sonntag, 17. Januar 1971). Ein geradezu klassisches Beispiel für die Folge solcher verbilligter Bodenabgabe gibt es in Stuttgart beim Bau von Eigentumswohnungen durch die Neue Heimat im Asemwald (Projekt Hannibal):

Zur Verbilligung der Wohnungen überließ die Stadt die Grundstücke zu einem Vorzugspreis an die Neue Heimat mit der Auflage, den Preisvorteil an die Erwerber weiterzugeben. Als das Projekt realisiert und die Wohnungen fertiggestellt waren, verkauften zahlreiche Erwerber ihre Wohnungen schleunigst mit Preisaufschlägen von 30 bis 40 000 DM pro Wohnung und realisierten so den ihnen von der Stadt über die NH gewährten Preisnachlaß.

Die marktberuhigende Wirkung der verbilligten Veräußerung öffentlichen Bodens ist also gleich Null. Aber auch die Abgabe zum Verkehrswert ist problematisch. Hier wird ein öffentliches Gut, Eigentum aller Bürger, wohl zum Marktpreis verkauft, doch geht damit der Gesamtheit dieser Bürger die zukünftige Bodenwertsteigerung verloren. Sie verbleibt dem Erwerber. Zu welchem Preis die öffentliche Hand auch verkauft, angesichts der weiterhin zu erwartenden Preissteigerungen ist er zu niedrig, ist der Verkauf öffentlichen Bodens ein Verlust für die Allgemeinheit.

Wer langfristig plant, muß schließlich damit rechnen, heute veräußertes öffentliches Bodeneigentum unter Umständen in wenigen Jahrzehnten für die dann fälligen Sanierungen – manche Baugebiete der fünfziger Jahre sind schon heute sanierungsreif – zum bis dahin gestiegenen Verkehrswert zurückerwerben zu müssen. Gleiches gilt für zukünftige, heute nach Art und Umfang noch gar nicht abschätzbare Gemeinschaftsaufgaben.

Bezüglich der Privatisierung öffentlichen Durchgangseigentums nach einer Sanierung beziehungsweise im Entwicklungsgebiet wollte es die SPD/FDP-Koalition bei der Beratung des Städtebauförderungsgesetzes den Gemeinden überlassen, ob sie über die gesetzlich vorgeschriebene Reprivatisierung an die früheren Eigentümer hinaus Boden an zusätzliche private Erwerber abgeben wollen. Diese Lösung hätte es der jeweiligen politischen Konstellation der Kommune überlassen, ob privatisiert oder kommunalisiert wird. Insoweit war dies ein Vorschlag zur Politisierung der Gemeinden, der auch dem Prinzip des kommunalen Selbstverwaltungsrechts gemäß Art. 28 GG entsprochen hätte. Die CDU/CSU hat jedoch über ihre Mehrheit im Bundesrat eine Soll-Vorschrift für die Privatisierung erzwungen. Auf längere Sicht aber kann der Gesetzgeber sich nicht um eine klare Aussage zu diesem Thema herumdrücken. Es wäre unzumutbar, der öffentlichen Hand verstärkte Zugriffsmöglichkeiten einzuräumen, ohne bindende Vorschriften für die zukünftige Behandlung des erworbenen Bodens zu erlassen.
Dieser traditionellen, marktorientierten Auffassung steht ein gegensätzlicher Standpunkt gegenüber, der verkürzt als »Kommunalisierung« des Bodens bezeichnet wird. Er wird vorwiegend von Jungsozialisten und Jungdemokraten, in modifizierter Form aber auch von Leuten wie dem Münchner Oberbürgermeister Dr. Vogel vertreten: Der Markt ist für die Bodennutzung nicht mehr das geeignete Steuerungsinstrument. Solange der Profit die Bodennutzung bestimmt, wird immer die Bank das Straßencafé, das Großhotel das Altersheim, die teure Eigentumswohnung den sozialen Wohnungsbau verdrängen. Und wenn es nicht noch einige Konventionen gäbe, wären unsere Kirchen, Museen, Schlösser, Parks und andere »unnütze« Anlagen längst verhökert und mit gewinnbringenden Supermärkten bebaut (Vogel 1971/II, S. 13 ff.). Soweit Vogel, der daraus die Folgerung zieht, der Boden müsse langfristig wie das Wasser dem Markt entzogen und nach gesellschaftlichen und sozialen Kriterien genutzt werden. Diese Erkenntnis hat die Konsequenz, daß die Veräußerung öffentlichen Bodens nicht mehr in Frage kommt. Langfristige Bodenvorratspolitik ist nur möglich, wenn die mühsam erworbenen Vorräte nicht wieder privatisiert werden müssen. Über diese Frage gehen die Ansichten noch auseinander, wenngleich eine allmähliche

Annäherung festzustellen ist. Die Jungsozialisten sind zum Beispiel von ihrer Forderung nach totaler Kommunalisierung, das heißt Überführung allen Bodens in Gemeineigentum entsprechend Art. 15 GG abgekommen, nicht zuletzt im Hinblick auf die phantastischen Kosten einer Totalenteignung. Sie fordern Kommunalisierung nur noch in Ballungsgebieten und nehmen auch hier den selbstgenutzten Boden, also das vom Eigentümer bewohnte Eigenheim, aus. Fachleute wie Vogel argumentieren zurückhaltender und entsprechen damit den politischen Realitäten eher. Danach soll kommunalisiert werden, wo ein soziales Bedürfnis besteht, für Gemeinschaftsaufgaben und sozialen Wohnungsbau, und wo eine bestimmte Nutzung planerisch nicht anders gewährleistet werden kann. Die Forderung läuft darauf hinaus, das Privateigentum an Grund und Boden überall dort zu erhalten, wo es nicht sozialschädlich ist, und öffentliches Eigentum überall dort zu schaffen, wo das Gemeinwohl es erfordert. Diese pragmatische Formulierung entspricht der SPD-Formel für die Wirtschaft: »Wettbewerb soweit wie möglich – Planung soweit wie nötig!« (SPD 1959, S. 14). Ist man sich über diesen Grundsatz einmal einig, sind über das Mögliche und Notwendige, beziehungsweise das Sozialunschädliche und das zum Gemeinwohl Erforderliche zweifellos noch harte Auseinandersetzungen zu erwarten.

Unter den Vertretern einer partiellen Kommunalisierung herrscht weithin Übereinstimmung über die rechtliche Form zukünftiger Bodennutzung. Wo die öffentliche Hand nicht selbst baut, soll sie das Eigentum am Boden behalten und den Bauwilligen zeitlich befristete Nutzungsrechte in Form von Erbbaurechten einräumen. Diese Regelung erlaubt auch das Städtebauförderungsgesetz, das für die Reprivatisierung und Privatisierung nach Sanierung oder Erschließung ausdrücklich die Bestellung solcher eigentumsgleichen Rechte zuläßt (§ 25 Abs. 3, Nr. 2 bzw. § 12 Abs. 3 Nr. 1 StBauFG). Es ist zu hoffen, daß hiervon reger Gebrauch gemacht wird. Damit ist auch klar, daß es bei der Kommunalisierung nicht um die Abschaffung des Eigentums geht. Wohnungseigentum und Gebäudeeigentum im Erbbaurecht soll es selbstverständlich auch zukünftig geben, und durch entsprechende Gestaltung des Erbbauzinses hat die öffentliche Hand auch weiterhin die Möglichkeit, erwünschte Nutzungen etwa für sozialen Wohnungsbau und preisgünstige Eigentumswohnungen oder zur Ansiedlung von Arbeitsplätzen

zu fördern. Es entfällt aber die beim Stuttgarter »Hannibal« praktizierte Möglichkeit, billig einzukaufen und dann zu Marktpreisen weiterzuveräußern und dabei den Wertzuwachs des Bodens zu privatisieren.
Von einer Realisierung der Forderung, öffentlicher Boden dürfe grundsätzlich nicht mehr verkauft werden, statt dessen sollten nur noch Nutzungsrechte, das heißt ein sozialgebundenes Nutzungseigentum vergeben werden, sind wir allerdings noch weit entfernt. Die öffentliche Hand sieht ihren Grundbesitz noch weithin unter fiskalischen Gesichtspunkten. Kommunen erwerben günstiges Ackerland, erschließen, verkaufen zum neuen Wert und bestreiten aus dem Gewinn ihre Erschließungskosten und Infrastrukturinvestitionen. Selbst die Länder geraten immer wieder in Versuchung, sich durch den Verkauf von Boden Finanzierungsquellen zu schaffen und Investitionen, die aus dem Haushalt nicht zu bestreiten sind, über Veräußerungen aus dem Grundstock zu finanzieren. Bei der derzeitigen Verteilung des Steueraufkommens zwischen Bund, Ländern und Gemeinden ist das zwar verständlich, bodenpolitisch ist es jedoch keinesfalls vertretbar. Wenn also die Forderung erhoben wird, die öffentliche Hand dürfe nicht mehr verkaufen, müssen gleichzeitig Wege zu einer langfristigen Finanzierung der Erschließungskosten geschaffen werden. Kommt es in absehbarer Zeit nicht zu einer Abschöpfung der Planungswertzuwächse durch eine Bodenwert-Zuwachssteuer oder entsprechende Infrastrukturbeiträge, so wären gezielte Zinssubventionen für Erschließungskosten denkbar, die es den Gemeinden erlaubten, ihre Lasten langfristig über die Erbbauzinsen zu finanzieren. Wo aus planerischen oder sozialen Gründen zugunsten einer erwünschten Nutzung der Erbbauzins gesenkt werden muß, etwa für ein Altersheim eines freien Wohlfahrtsverbandes, einen privaten Experimentier-Kindergarten oder ein kirchliches Krankenhaus, muß das offen ausgewiesen werden. Damit würden auch die bisher versteckten Subventionen durch verbilligte Landabgabe sichtbar und kontrollierbar. Im Zusammenhang mit den Erschließungslasten wird die Frage nach der Verschuldungsgrenze der Kommunen aufgeworfen werden. Hier wird man grundsätzlich neue Formen für die fiskalische Behandlung des Bodens finden müssen, etwa die Zusammenfassung in Form von Bodenbanken und Bodenfonds mit entsprechenden Beleihungsmöglichkeiten.

Dieser Vorschlag ist in anderem Zusammenhang (Ertl 1970) in die Diskussion gebracht worden: Bei stadtfernen ländlichen Gebieten ergibt sich mit dem zwangsläufigen Strukturwandel in der Landwirtschaft immer wieder die Situation, daß aufgabewillige Landwirte für ihre Böden, vor allem für die Grenzertragsböden, keine Käufer mehr finden, weil in diesen Gegenden keine Bodennachfrage besteht. Hier einzugreifen und diesen Landwirten das Aussteigen aus der Agrarproduktion zu sozialen Bedingungen zu ermöglichen, ist Pflicht des Staates, der den Strukturwandel nicht auf dem Rücken der Schwächsten austragen darf. Hierfür wurde die Bildung von Bodenfonds vorgeschlagen, die unverkäufliche Grenzertragsböden aufgabewilliger Landwirte aufkaufen sollen. Der Gedanke erscheint vernünftig, vor allem, wenn man ihn auf andere Gebiete ausdehnt. In solchen Gebieten außerhalb der Ballungsräume könnten Bodenfonds gezielte Landschaftsschutzgebiete und Erholungsgebiete schaffen, eine den Aufgaben im Ballungsgebiet gleichwertige Aufgabe der öffentlichen Hand.

C 5 Kommunalisierung / Sozialisierung

Wenige wissen es, viele wollen es nicht wahrhaben und fast keiner glaubt an die Verwirklichung, aber das Grundgesetz der Bundesrepublik Deutschland eröffnet in Artikel 15 dem Gesetzgeber die Möglichkeit: »Grund und Boden . . . können zum Zwecke der Vergesellschaftung durch ein Gesetz, das Art und Ausmaß der Entschädigung regelt, in Gemeineigentum oder in andere Formen der Gemeinwirtschaft überführt werden.« Dieser Verfassungsartikel blieb bis heute ungenutzt; keine der demokratischen Parteien hat die Sozialisierung von Grund und Boden in ihr Programm aufgenommen. Einzelne politische Gruppierungen, die diese Möglichkeit aufgreifen wollten, gingen dabei relativ vorsichtig vor. So heißt es beispielsweise in einem Antrag an den Bundeskongreß der Jungsozialisten aus dem Jahr 1970: »Langfristig gesehen ist sämtlicher bebaubarer Boden in den Gemeinden in den Besitz der Gemeinden zu überführen« (Jungsozialisten 1971, S. VII/12).

Die Sozialisierung, die neuerdings fast ausschließlich als Kommunalisierung propagiert wird, wurde seit langem nur als theoretischer Fall betrachtet, der für die praktisch-politische Arbeit bedeutungslos blieb. So wußte bereits vor mehreren Jahren Jacobi: »Die Kommunalisierung des Baubodens könnte das Problem zweifellos lösen.« Allerdings sei diese Möglichkeit »politisch nicht diskutabel« (Jacobi 1965, S. 378). Jacobi gab damit die vorherrschende Meinung der SPD wieder.

Der theoretische Fall der Sozialisierung, der Mitte der fünfziger Jahre immerhin noch in der öffentlichen Diskussion genannt wurde, verlagerte sich immer mehr in Diskussionskreise von Experten und esoterischen Klubs, die in intellektueller Abgeschlossenheit Modelle einer neuen Welt diskutierten. An der Diskussion um eine grundlegende Neuordnung des Bodenrechts in der Bundesrepublik läßt sich wie an keinem anderen Beispiel der Prozeß der Restauration ablesen und belegen. Sogar der »Spiegel« rümpft neuerdings die Nase darüber, »daß 20 Jahre Wirtschaftswunder und Eigentumsfetischismus bestimmte Vollmachten des Grundgesetzes aus dem öffentlichen Bewußtsein weitgehend verdrängt haben« (Der Spiegel vom 11. Januar 1971).

Diese Entwicklung ist nicht zuletzt das Verdienst einer Interessengruppe, die gerade auf diesem Gebiet außerordentlich erfolgreich gearbeitet hat: Der Zentralverband der Deutschen Haus- und Grundeigentümer e. V. Diesem Verband ist es gelungen, die große Mehrzahl der kleinen Haus- und Grundbesitzer mit Vermögensmillionären zu solidarisieren. Anders ist es nicht zu erklären, daß wir heute mit diesem Tabu zu leben haben.

Der Verband hat in den vergangenen Jahren mehrmals in recht unverhüllter Form darauf hingewiesen, daß er nicht bereit ist, alle Artikel des Grundgesetzes zur Kenntnis zu nehmen, sondern nur jene Bestimmungen akzeptiert, die ihm ins Konzept passen. Dafür ein Beispiel: In einer Stellungnahme des Zentralverbandes der Deutschen Haus- und Grundeigentümer aus dem Jahr 1968 zu einigen Vorschlägen, die im Bundesministerium für Städtebau und Wohnungswesen zum Thema Bodenrecht erarbeitet wurden, heißt es wörtlich: »Der tragende Gehalt der das Eigentum schützenden Grundrechtsvorschriften des Artikel 14 darf nicht unter Berufung auf die Sozialpflichtigkeit des Eigentums unterlaufen werden« (Winter/Mainczyk 1968/I, S. 45). Diese Interpretation des Grundgesetzes heißt doch, daß der entscheidende Absatz 2 des Artikel 14 übersehen wird, in dem nicht nur der Satz steht »Eigentum verpflichtet«, sondern auch: »Sein Gebrauch soll zugleich auch dem Wohle der Allgemeinheit dienen.« Angesichts dieser Entwicklung der öffentlichen Diskussion über das Thema Bodenrecht verwundert es nicht, daß die Kommunalisierung außerhalb jeder Betrachtung bleibt.

Eine vorurteilsfreie Analyse der Kommunalisierung von Boden zeigt zwei entscheidende Aspekte im Hinblick auf die Verwirklichbarkeit und politische Durchsetzbarkeit: Zum einen die riesigen Summen, die für eine Entschädigung erforderlich sind, zum anderen die Schwierigkeit, die Bevölkerung von der Notwendigkeit einer Kommunalisierung zu überzeugen.

Das Grundgesetz schreibt in den Artikeln 14 wie 15 zwingend

vor, daß die Überführung von Privateigentum in Gemeineigentum in jedem Falle mit einer Entschädigung verbunden sein muß, die unter gerechter Abwägung der Interessen der Allgemeinheit und der Beteiligten zu bestimmen ist. Um eine ungefähre Vorstellung von der Größenordnung der im Fall der Vergesellschaftung des Bodens zu leistenden Entschädigungen zu bekommen, kann man folgende Milchmädchenrechnungen aufmachen:

1. Wenn aller Boden vergesellschaftet werden soll, der sich in privater Hand befindet, so ergeben sich diese Zahlen:
   Gesamtfläche der BRD 24,8 Mio ha
   davon ca 70% in priv. Hand 17,4 Mio ha
   Bei einer Entschädigung von durchschnittlich DM 5/qm ergibt das 870 Mrd DM. Das ist ungefähr das Achtfache des gesamten Bundeshaushalts 1971.
2. Wenn jedoch lediglich der bebaute Boden sozialisiert werden soll, ohne das Eigentum an Gebäuden anzutasten, so ergeben sich folgende Schätzungen:
   Bebauter Boden in der BRD 2,4 Mio ha
   Bei einer wahrscheinlich viel zu niedrigen Entschädigung von DM 50/qm ergeben sich 1200 Mrd DM

Diese groben Schätzungen machen deutlich, daß solche Summen – auch bei einer guten Entwicklung der finanziellen Situation – von der öffentlichen Hand nicht aufgebracht werden können.

Vereinzelt wurde gefordert, man solle die Entschädigung eben nicht bar ausbezahlen, sondern verrenten; zur Finanzierung dieser Renten könne man ja dann die Pachteinnahmen der vergesellschafteten Grundstücke heranziehen. Entweder müßte in diesem Fall die öffentliche Hand die Tilgung übernehmen, weil die Pachteinnahmen nur die Schuldzinsen abdecken, oder die Pachteinnahmen müßten zur Deckung von Schuldzinsen und Tilgung so hoch festgesetzt werden, daß ihre volkswirtschaftliche Wirkung ähnlich wäre wie die der überproportionalen Steigerung der Grundstückspreise in der Vergangenheit. Und das kann ja wohl nicht der Sinn einer Kommunalisierung sein. Im übrigen wäre ein solches Vorgehen verfassungsrechtlich fragwürdig, weil die Enteigneten ihre eigene Entschädigung bezahlen müßten. Weder die Gemeinden, die Länder noch der Bund sind in der Lage, die finanziellen Mittel zur Verfügung zu stellen, die eine Kommunalisierung ermöglichen würden.

Die Formel von der Sozialisierung und Kommunalisierung weckt auch Schreckgespenster, die eine sachliche Diskussion erschweren, oft sogar verhindern. »Soweit sich Sozialdemokraten dieser Formel bedienen, müssen sie wissen, daß sie damit nur anderen Parteien in unserem Lande ein beachtliches Wählerpotential zutreiben« (Apel, 1971).

Deshalb müssen sich jene Kräfte, die eine Veränderung der unbefriedigenden Situation anstreben, darum bemühen, daß die Auseinandersetzung um eine Überführung von Boden in Gemeineigentum nicht zu einem Streit wird, bei dem das Etikett die Meinungsbildung so sehr bestimmt, daß darüber das Problem in Vergessenheit gerät. Ansatzpunkte bieten beispielsweise die neueren Verlautbarungen der Jungsozialisten. So heißt es in einem Arbeitspapier, das vom Vorstand der Jungsozialisten 1971 herausgegeben wurde, zu diesem Thema: »Eine Kommunalisierung des Bodenkapitals kann in der Bundesrepublik mit demokratischen Mitteln nur erreicht werden, wenn sie in Stufen realisiert wird, die nach jeweiliger Mobilisierung die Zustimmung der Bürgerschaft finden, und wenn sie sich auf den Boden in Verdichtungsgebieten, Baugebieten und Innenstädten beschränkt« (Jungsozialisten 1971, S. IV/24).

Diese vorsichtige Politik, vorhandenes Mißtrauen schrittweise abzubauen, wird insbesondere von aktiven Kommunalpolitikern unterstützt. An ihrer Spitze steht der Münchner Oberbürgermeister Dr. Vogel. In einer Auseinandersetzung mit den Vorstellungen, die von seiten der Jungsozialisten zum Thema Kommunalpolitik erarbeitet wurden, hat Dr. Vogel im Jahr 1971 gerade diesen Punkt von seiner radikalen Kritik ausgespart; zweifellos wird ein schrittweises Vorgehen bei der Überwindung der Mißstände unserer Bodenordnung die Gemeinsamkeit und Zusammenarbeit von Reformpolitikern verstärken.

Vorsichtiger äußerte sich freilich der Bundesminister für Städtebau und Wohnungswesen, Dr. Lauritzen, Anfang 1971 zu der Frage, ob in Zukunft verstärkt von dem in der Verfassung verankerten Grundrecht zur Vergesellschaftung von Boden Gebrauch gemacht werden sollte. Er antwortete: »Ich glaube, man sollte von der Enteignung immer nur als alleräußerstes Mittel Gebrauch machen. Man sollte das Bodenrecht dahin entwickeln, daß die Gemeinde die Möglichkeit hat, Grunderwerb zu tätigen . . . Es kommt natürlich hinzu, daß die Gemeinden auch finanziell instandgesetzt werden müssen, Bodenpolitik zu betreiben« (Lauritzen 1971/I). Lauritzen betont aber die Notwendigkeit, durch Gesetze festzulegen, daß auch auf dem Bodenmarkt die Belange des Einzelnen und die Interessen der Allgemeinheit besser aufeinander abgestimmt werden können. Dementsprechend wird im Städtebaubericht 1970, der ansonsten einen vollständigen Überblick über die aktuellen Schwierigkeiten und Notwendigkeiten enthält, kein Wort zum Thema Sozialisierung oder Kommunalisierung des Bodens verloren. So einfach läßt sich die Forderung nach Kommunalisierung aber nicht erledigen. Allenfalls eine konsequente Ausgestaltung der Sozialpflichtigkeit des Eigentums in Gesetzen könnte die Forderung nach Kommunalisierung des Bodens gegenstandslos machen.

C 6 Modell Bodenfonds

Unter Fachleuten ist unbestritten, daß ein soziales Bodenrecht nicht in einem politischen Kraftakt verwirklicht werden kann, sondern Ergebnis einer schrittweisen Veränderung des gegenwärtigen Bodenrechts sein wird. Die Einzelschritte müssen jedoch an einer langfristigen Konzeption orientiert und beurteilt werden, andernfalls bleibt es beim ziellosen Herumkurieren an Symptomen. Eine langfristige Zielsetzung muß vor allem folgende Fragen beantworten:

- Wie soll die grundgesetzliche Eigentumsgarantie gesetzlich ausgeformt werden?
- Wie wird über die Nutzung des Bodens entschieden?
- Wie werden die gesellschaftlichen Bedürfnisse an Boden realisiert?

Das im folgenden erläuterte »Modell Bodenfonds« ist eine mögliche langfristige Zielsetzung, die Antworten auf diese drei Fragen anbietet. Es geht von einigen Annahmen aus:

- Das grundgesetzlich garantierte Recht auf Eigentum führt nicht zwingend zum »Eigentum« des BGB; vielmehr ist es dem Gesetzgeber freigestellt, auch andere Eigentumsformen zu entwickeln, so wie das zum Beispiel 1919 mit dem Erbbaurecht oder 1951 mit dem Wohnungseigentum geschehen ist.
- Die Übertragung der Verfügungsgewalt über den Boden an die Kommunen durch eine langfristige Bodenvorratspolitik, auch durch die Schaffung eines ruhenden Obereigentums der Kommunen, würde zu einer ungeheuren Machtkonzentration bei den Kommunen führen. Diese Verbindung von Planungshoheit und Verfügungsgewalt über den Boden wäre demokratisch nicht mehr kontrollierbar. Das heute schon erkennbare Übergewicht der Verwaltung über die kontrollierende Legislative würde in einem unerträglichen Maße zunehmen.

- Eine Sozialisierung beziehungsweise Kommunalisierung des Bodens ist verfassungsrechtlich möglich, wegen der Höhe der anfallenden Entschädigungen jedoch nicht realisierbar, ganz abgesehen davon, daß auch hier das Problem der unkontrollierbaren Machtkonzentration entstehen würde.
- Bei aller notwendigen Kritik am bestehenden Bodenmarkt kommt man nicht daran vorbei, daß für die Nutzungszuweisung bislang keine praktikablen Alternativen zum Markt sichtbar sind.

Das »Modell Bodenfonds« sieht vor, daß jegliches Bodeneigentum, auch das der öffentlichen Hand, in regionale Fonds eingebracht wird. Die bisherigen Eigentümer erhalten Fonds-Anteile im Wert der eingebrachten Grundstücke. Im Unterschied zur Sozialisierung oder Kommunalisierung müssen also Barmittel nicht aufgebracht werden. Entscheidend ist, daß die Eigentümer die Wertsubstanz ihres Eigentums in Form von verzinslichen und handelbaren Papieren behalten. Anstelle des unmittelbaren Eigentums am je spezifischen Grundstück tritt Miteigentum an einem kollektiven Bodenfonds aller Grundeigentümer. Grundlage einer solchen Eigentumsübertragung kann nur ein Gesetz sein, das der Verfassung entspricht. Ob das Bundesverfassungsgericht in diesem Vorgang einen enteignungsgleichen Eingriff sehen würde, hängt nicht zuletzt von der Ausgestaltung der auszugebenden Anteile ab. Festzuhalten ist, daß der Eigentümer die Wertsubstanz behält und in seiner Nutzung nicht eingeschränkt wird. Der Übergang vom Einzeleigentum zum Fonds-Eigentum ist vergleichbar dem Übergang vom Einzelunternehmer, der seine Produktionsmittel unmittelbar besitzt, zur Aktiengesellschaft, deren Miteigentümer über die Produktionsmittel nicht unmittelbar verfügen können. Der Gesetzgeber wird diese Anteile am Bodenfonds sorgfältig überdenken müssen, einmal im Hinblick auf die verfassungsrechtliche Überprüfung, ob die Wandlung des Einzeleigentums in ein Fonds-Eigentum ein enteignungsgleicher Eingriff ist, zum anderen im Hinblick auf das Verhalten der künftigen Anteilseigner und die möglichen Auswirkungen dieses Verhaltens auf den Markt in festverzinslichen Papieren und Aktien. Mit Sicherheit wird der Gesetzgeber den Zins gesetzlich regeln müssen, vermutlich am Diskontsatz orientiert und sicher etwas höher als der Spareckzins angelegt. Eine Wertsicherungsklausel für die Anteile könnte dann notwendig werden, wenn die

Grundstücke nicht alle gleichzeitig, sondern über längere Zeit hinweg in den Fonds eingebracht werden. In diesem Fall müßte etwa durch eine am Lebenshaltungsindex orientierte Wertsicherungsklausel garantiert werden, daß die Eigentümer der früher eingebrachten Grundstücke gegenüber den Eigentümern der später eingebrachten Grundstücke bei der Bemessung der Anteile nicht benachteiligt werden. Schließlich muß eine Rückkaufspflicht der Fonds für die ausgegebenen Anteile gesetzlich fixiert werden, gegebenenfalls mit bestimmten Fristen und Kautelen, um einer Massenflucht aus den Anteilen und dem daraus zwangsläufig resultierenden Zusammenbruch der Fonds vorzubeugen.

Zusammenfassend ist zu sagen, daß keine Enteignung, sondern eine Umwandlung des Bodeneigentums vom Einzeleigentum zum Miteigentum eintritt, wobei der bisherige Besitzer wertbeständige und verzinsliche Eigentumstitel erhält, über die er frei verfügen kann. Mit der Bildung der Bodenfonds existiert kein Bodenmarkt mehr, das heißt es gibt keinen Ankauf und Verkauf von Grundstücken mehr. Auch die Begriffe Einheits- und Verkehrswert verlieren ihre Bedeutung.

Die Festlegung der Nutzung geschieht in zwei Schritten. Die primäre Allokation, das heißt, die erste Nutzungszuweisung eines Grundstücks wird durch den öffentlichen Träger der Planungshoheit, im Regelfall also die Kommune vorgenommen. Diese bestimmt im Rahmen von Flächennutzungs- und Bebauungsplänen wie bisher darüber, ob ein Gebiet Wohngebiet, Mischgebiet, Gewerbegebiet oder Kerngebiet ist, sie legt die Straßen und Erschließungsflächen sowie die Flächen für den Gemeinbedarf fest, kurz, sie bestimmt Art und Maß der baulichen Nutzung. Bei dieser planerischen Festlegung steht ihr jedoch nicht mehr wie bisher eine Vielzahl individueller Bodeneigentümer mit unterschiedlichen individuellen Interessen gegenüber, sondern die Verwaltung des Bodenfonds. Die Mitwirkungs- beziehungsweise Mitbestimmungsrechte des Bodenfonds werden in einer Novellierung des Bundesbaugesetzes zu fixieren sein. Da es sich beim Bodenfonds um eine öffentlich-rechtliche Institution handelt, die demokratisch verfaßt ist, werden diese Rechte möglicherweise weiter gehen können, als das bisher beim individuellen Grundeigentümer der Fall war.

Die zweite Nutzungszuweisung, die sekundäre Allokation,

geschah bisher durch den Markt, d. h. durch den Bodeneigentümer, der entweder selbst baute oder nicht baute oder an einen Bauwilligen oder Spekulationswilligen verkaufte. Sie geschieht zukünftig durch den Bodenfonds in Form von Erbpachten. Der bisherige Eigentümer, nun Fonds-Anteilseigner, hat ein Vorpachtrecht dann, wenn er das Grundstück bisher zur Sicherung seiner Existenz, also zur unmittelbaren Befriedigung seiner Bedürfnisse genutzt hat. Dies wird vor allem auf die Landwirtschaft, auf die Eigentümer von selbstgenutzten Eigenheimen oder Eigentumswohnungen und auf kleine Betriebe zutreffen. In all diesen Fällen kann der frühere Grundeigentümer sein Grundstück weiter nutzen wie bisher. In den Fällen jedoch, in denen der Boden Anlagegut war, kann ein Vorpachtrecht nicht eingeräumt werden, denn hier besteht kein vorrangiges Interesse an der Nutzung des Grundstücks; das Anlage-Interesse aber ist durch die Ausgabe von Anteilen befriedigt worden. Ungenutzte, freiwerdende oder von landwirtschaftlicher Fläche in Bauland umgewidmete Flächen werden ausgeschrieben. Den Zuschlag erhält, wer den höchsten Pachtzins bietet. Die Nutzungszuweisung dieser Flächen geschieht also durch einen Pachtmarkt. Die Unterverpachtung muß gesetzlich ausgeschlossen werden, damit nicht anstelle des abgeschafften Bodenmarkts ein schwarzer Pachtmarkt entsteht. Die Flächen für Bauten des Gemeinbedarfs – Straßen, Schulen, Krankenhäuser usw. – und des sozialen Wohnungsbaus werden durch die Kommunen kraft ihrer Planungshoheit ausgewiesen und zu einer administrativ festgesetzten Richtpacht an den Nutzer vergeben. Sie sind damit aus dem Pachtmarkt herausgenommen, das heißt ihre Nutzung wird nicht mehr über das Höchstgebot des Pachtmarktes geregelt.
Diese primäre und sekundäre Nutzungszuweisung durch Kommune und Bodenfonds führt zu einer ökonomischen Bodennutzung. Kein vernünftiger Mensch wird mehr Boden pachten, als er braucht. Jeder Nutzer wird prüfen, ob er auf dem gepachteten Boden die Nutzung erzielt, die ihm die Bezahlung der Pacht ermöglicht. Die gesellschaftliche Bodennutzung unterliegt nicht dem Markt. Damit gilt: Nutzungszuweisung durch den Pachtmarkt soweit wie möglich, das heißt überall dort, wo gesellschaftlich nicht schädlich, Nutzungszuweisung ohne Markt soweit wie nötig, das heißt überall dort, wo ein gesellschaftlicher Bedarf besteht. Die vorgeschlagene Nutzungs-

steuerung durch einen Pachtmarkt ist der Nutzungssteuerung durch den Bodenmarkt überlegen, da das spekulative Element ausgeschaltet wird. Der Pachtmarkt ist, da nicht weiter verpachtet werden darf und Wertsteigerungen künftig nicht realisiert werden können, nicht mehr spekulativ. Ausschlaggebend für die gebotene Pacht werden lediglich die Qualität des Grundstücks, Art und Maß der baulichen Nutzung und die zu erzielende Rendite sein. Durch die Herausnahme der Flächen für den Gemeinbedarf und den sozialen Wohnungsbau aus dem Pachtmarkt unterliegen die Pachten für diese Flächen nicht mehr dem Prinzip der Profiterwartung.
Die Erbbaurechtsverordnung vom 15. Januar 1919 könnte Grundlage eines neuen Erbbaurechts sein. Zu ändern wären § 1 der Erbbaurechtsverordnung, der das Recht auf Veräußerung des Erbbaurechts fixiert, § 2 im Hinblick auf das bisher mögliche Vorkaufsrecht des Erbbauberechtigten, § 9 über den Erbbauzins und schließlich die Regelungen über Heimfall und Beendigung des Erbbaurechtes. Der Wesensgehalt der Erbbaurechtsverordnung kann jedoch erhalten bleiben, vor allem das Eigentum des Erbbauberechtigten am Gebäude und sein Anspruch auf Entschädigung für das Gebäude bei Beendigung des Erbbaurechtes. Die Dauer des Erbbaurechts auf den Grundstücken des Bodenfonds festzulegen, wird schwierig sein. Eine generelle Frist von 99 beziehungsweise 75 Jahren wie beim geltenden Erbbaurecht wäre sicherlich zu lang, auch im Hinblick auf die heutige kürzere Lebenserwartung von Gebäuden. In den Niederlanden werden Pachtverträge in der Regel auf 75 Jahre, in Israel auf 49 Jahre befristet. Eine einheitliche Frist für alle Grundstücke führte jedoch dazu, daß alle Erbbaurechte schlagartig zum selben Termin beendigt würden, was weder von der Fonds-Verwaltung noch von einem ausgeglichenen Pachtmarkt zwischen anbietendem Fonds und nachfragendem Pachtinteressenten her wünschenswert wäre. Statt dessen bietet sich eine je nach Gebäudealter gestaffelte Pachtdauer an, etwa für Gebäude von vor 1900 eine Zeit von 20 Jahren, für Gebäude die zwischen 1900 und 1945 errichtet wurden, 30 Jahre, für Gebäude zwischen 1945 und 1970, 40 Jahre und für neue Gebäude jeweils 50 Jahre. Eine solche Regelung käme dem Sanierungsbedürfnis alter Bausubstanz und der Notwendigkeit allmählicher Verdichtung aller Baugebiete entgegen. Denkbar wäre auch, auf Fristen gänzlich zu verzichten und die

Erbbaurechte auf unbestimmte Zeit zu vergeben mit einer Schutzklausel für den Erbbauberechtigten, die ihm eine mehrjährige Kündigungsfrist und eine zusätzliche Entschädigung bei Härtefällen, zum Beispiel Kündigung wenige Jahre nach Errichtung des Gebäudes, sichert. Der Erbbauzins, das heißt die Pachtzinsen sind in regelmäßigen Abständen zu überprüfen und in Relation zur allgemeinen Geld- und Preisentwicklung fortzuschreiben.

Anstelle des bisherigen Enteignungsrechts wird ein Entpachtungsrecht treten, das den Nutzer oder Bauherrn vor willkürlicher Entpachtung schützt. Mit dem Entpachtungsrecht wird die öffentliche Hand eine vorhandene private Nutzung zugunsten einer öffentlichen Nutzung aufheben können. Der Rechtsweg wird im Prinzip dem bisherigen Enteignungsverfahren entsprechen können, die öffentliche Hand wird dem zu entpachtenden Erbbauberechtigten jedoch nur den Wert des Gebäudes, gegebenenfalls zuzüglich einer Sonderentschädigung in Härtefällen, nicht aber wie heute, den Bodenwert (Verkehrswert) und damit alle unverdienten Wertzuwächse ersetzen müssen.

Nicht einfach zu lösen ist das Problem, wie Gebäudeeigentum zukünftig behandelt werden soll. Das Modell geht davon aus, daß Privateigentum, das heißt unmittelbare Sachherrschaft am Gebäude erhalten, ja gefördert werden soll, daß also beispielsweise der Erwerb von Wohnungseigentum oder von Gebäudepfandbriefen (Hausbesitzerbriefen) nach wie vor möglich und wünschenswert ist, während am Grundstück kein Eigentum, sondern nur noch ein Erbbaurecht bestehen soll. Die Veräußerung des Erbbaurechtes, beziehungsweise die Unterverpachtung ist wie schon erwähnt nicht möglich, da andernfalls ein schwarzer Pachtmarkt entstände. Bei der Veräußerung von Gebäudeeigentum entsteht aber damit die Gefahr, daß durch überhöhte Verkaufspreise für das Gebäude ein grauer Pachtmarkt entstände, wenn der Erwerber automatisch in das Erbbaurecht des Veräußerers eintreten würde. Für die Lösung dieses Problems lassen sich verschiedene Wege denken. Beispielsweise könnte bestimmt werden, daß Gebäudeeigentümer den Wert ihres Gebäudes selbst bestimmen und entsprechend Steuern zahlen. Wird beim Verkauf ein höherer Wert erzielt, so wäre die Differenz an den Bodenfonds abzuführen. Denkbar wäre auch, daß unabhängige Kammern, die auch von Gebäude-

eigentümern beschickt werden, die Gebäude im Fall der Verpachtung oder des Verkaufs bewerten. Auch in diesem Fall erhält der Veräußerer lediglich den festgelegten Wert, den er bei einer Entpachtung erhalten würde, was darüber hinausgeht, fällt an den Fonds. Diese Regelung wird vor allem für Eigentumswohnungen notwendig, damit der Erbauer beim Verkauf nicht die Wertsteigerung des Grundstücks über höhere Verkaufspreise der Wohnungen realisieren kann.
Die eingehenden Pachtzinsen werden vom Bodenfonds für die Verzinsung der Fonds-Anteile und die Verwaltungskosten verwendet. Überschüsse müssen an die öffentliche Hand, beispielsweise für den sozialen Wohnungsbau, abgeführt werden. Damit soll gewährleistet werden, daß der Bodenfonds kein Gewinnstreben entwickelt. Da der Gesetzgeber die Verzinsung der Fonds-Anteile bestimmt und alle darüber hinausgehenden Einnahmen abgeführt werden müssen, ist einer profitorientierten Pachtpolitik des Bodenfonds vorgebeugt. Die Abführung der Überschüsse des Fonds an die öffentliche Hand ist gerechtfertigt, da mit der Übertragung der Grundstücke an den Bodenfonds eine Reihe von Steuern, die bisher vom Bodeneigentümer zu erbringen waren, wegfallen, zum Beispiel die Grundsteuer sowie Teile der Erbschaftsteuer, Vermögensteuer und Einkommensteuer.
Die Verwaltung des Bodenfonds wird eine bedeutende politische und wirtschaftliche Macht darstellen. Seine Organisation ist nicht einfach und bedarf eingehender Diskussion. Deshalb sind im folgenden nur einige erste skizzenhafte Überlegungen dargestellt. Die Fonds-Organe müssen demokratisch gewählt werden. Den Anteilseignern, also den früheren Bodeneigentümern – Bund, Länder und Gemeinden eingeschlossen – sind ausreichende Stimmanteile einzuräumen. Im Hinblick darauf, daß die öffentliche Hand öffentliches Interesse wirksam vertreten wird, können den Anteilseignern insgesamt ohne Gefahr 51% der Stimmen eingeräumt werden. Die restlichen Stimmen sollten den betroffenen Bürgern eingeräumt werden, etwa ähnlich wie bei den Rundfunkanstalten, also den Arbeitnehmern und Arbeitgebern, den Kirchen, den Verbrauchern, vor allem aber den Mietern und ihren Vertretungen. Eine Verfilzung von öffentlicher Verwaltung und Fonds-Verwaltung muß verhindert werden. Die Organe des Fonds würden damit etwa den Aufsichtsgremien der Rundfunk- und Fernsehanstalten ent-

sprechen. Denkbar wäre jedoch auch eine politische Wahl der Vertreter in den Fonds-Organen, die zusammen mit den jeweiligen Landtagswahlen vorzunehmen wäre. Die bei dieser Lösung naheliegende Gefahr, daß die Verbandsvertreter zu einem freischwebenden Management ohne Bindung und Bezug zur Bevölkerung werden, ließe sich durch eine Volkswahl der Vertreter eher verhindern, eine Volkswahl freilich, zu der nicht nur die Parteien, sondern auch Gewerkschaften, Kirchen, Mieterverbände usw. Kandidaten aufstellen dürften. Daneben entsenden die Grundeigentümer ihre Vertreter ebenfalls durch demokratische Wahlen in die Fonds-Organe.

Das Modell erreicht damit eine Trennung zwischen der Planungshoheit der Kommune und der Nutzungshoheit des öffentlich-rechtlichen Bodenfonds. Durch diese Trennung wird die Machtzusammenballung bei der Kommune verhindert. Es bestehen konkurrierende, jedoch demokratisch verfaßte Institutionen.

Problematisch ist der Zeitpunkt, zu dem die Grundstücke in den Fonds eingebracht werden. Wünschenswert wäre ein gemeinsamer Stichtag, an dem alle Grundstücke bewertet und übernommen, das heißt gegen Fonds-Anteile übertragen werden. Eine solche gleichzeitige Übertragung aller Grundstücke in die regionalen Fonds würde aber große verwaltungstechnische Probleme aufwerfen.

Sinnvoller wäre es, gesetzlich ein ruhendes Obereigentum der Fonds festzulegen, das auf die unmittelbare Nutzung vorerst keinen Einfluß hätte. Erst mit der Änderung der Nutzung, beispielsweise durch die Umwidmung von Ackerland zu Bauland, durch Bebauungsplanänderung, durch Neubauvorhaben des bisherigen Nutzers usw. würde das bislang ruhende Obereigentum wirksam, das heißt die Übertragung in den Fonds unter Ausgabe von Anteilen vor sich gehen. Dieses schrittweise Vorgehen würde zweifellos wesentliche Vereinfachungen, auch in der Durchsetzbarkeit, mit sich bringen, da es gestattet, in den Problemzonen, etwa in den Kernstädten oder im Entwicklungsbereich, den Bodenmarkt sofort in einen Pachtmarkt zu überführen.

In den vergleichsweise unproblematischen Gebieten brauchte jedoch nur dann zugegriffen werden, wenn ein Verkauf, ein Neubau oder eine Bebauungsplanänderung ansteht.

Für das land- und forstwirtschaftliche Bodeneigentum gibt es verschiedene mögliche Regelungen. Vom Aspekt der Systemreinheit wäre auch hier die Hereinnahme aller Grundstücke in die Fonds wünschenswert. Das neue Pachtrecht müßte dementsprechend über das bisherige Erbbaurecht hinausgehen und auch unbebaute Grundstücke mit land- und forstwirtschaftlicher Nutzung einbeziehen. Andererseits ist nicht zu übersehen, daß bei der Hereinnahme land- und forstwirtschaftlichen Bodeneigentums die Dimensionen der Fonds-Verwaltung erheblich zunehmen, ganz zu schweigen von dem dabei zu erwartenden politischen Widerstand der Landwirtschaft. Es wäre deshalb durchaus denkbar, land- und forstwirtschaftliche Grundstücke grundsätzlich außerhalb der Fonds zu belassen und erst bei einer Nutzungsumwidmung durch den Planungsträger, das heißt bei Ausweisung als Baugebiet zwangsweise in die Fonds zu überführen. Damit existierte außerhalb der bebauten Flächen nach wie vor ein Bodenmarkt, allerdings lediglich für land- und forstwirtschaftliche Grundstücke. Spekulationen mit Bauerwartungsland lassen sich durch entsprechende Festsetzungen für die Bewertung bei Übernahme in den Fonds, dergestalt, daß in Fonds-Anteilen der jeweilige Wert vor Ausweisung als Bauland erstattet wird, erheblich dämpfen, wenn nicht unterbinden.

Das hier geschilderte »Modell Bodenfonds« greift auf verschiedene ähnliche Modelle zurück (Müller 1965; Bohnsack 1964). Es unterscheidet sich von den meisten anderen Modellen, auch von den englischen »land-commissions«, vor allem dadurch, daß die Fonds-Organe weder mit der Administration identisch noch von ihr bestellt, sondern demokratisch verfaßte Institutionen eigenen Rechts sind. An dieser Stelle ist auch auf die vorgeschlagene Bildung von Bodenfonds im Zuge des landwirtschaftlichen Strukturwandels hinzuweisen (Ertl 1971).

Es ist unbestritten, daß das hier skizzierte »Modell Bodenfonds« derzeit eher utopischen Charakter hat. Die Verfasser sind jedoch der Auffassung, daß die Entwicklung auf dem Bodenmarkt sich in den kommenden Jahren durch zunehmende Verknappung bei rascher steigenden Preisen so verschärfen wird, daß kleinere Korrekturen, etwa steuerrechtlicher Art, nicht mehr zureichen. Die langfristige Lösung der Bodenfrage muß, darauf haben unter anderen Vogel und Nell-Breuning hingewiesen, das Nutzungsrecht eines Grundstücks vom Recht auf Veräußerung trennen. Daß das Erbbaurecht ein wesentlicher Schritt auf diesem Wege war, ist Auffassung aller mit dem Bodenrecht befaßten Fachleute. Das »Modell Bodenfonds« soll die Diskussion in dieser Richtung weiterführen. Zur Lösung einer säkularen Frage – und eine soziale Bodenordnung ist eine säkulare Frage – sind viele Modelle notwendig.

Schlußbemerkungen

1.

Ein soziales Bodenrecht wird nur dann Wirklichkeit, wenn es gelingt, die Mehrheit der Bevölkerung von dessen Notwendigkeit zu überzeugen. Zunächst kommt es darauf an, die in breiten Schichten der Bevölkerung vorhandene Angst vor einer Reform des Bodenrechts abzubauen. Dazu müssen die bestehenden Mißstände sichtbar gemacht werden.

2.

Politiker und Planer müssen lernen, stärker als bisher mit und in der Öffentlichkeit zu arbeiten, um kritisches Bewußtsein zu schaffen. Die Auseinandersetzung muß von der abstrakten Ideologie – Privateigentum gegen Sozialisierung – zur konkreten Situation und den praktikablen Reformvorschlägen geleitet werden. Mobilisierung mit ideologischen Schreckgespenstern verhärtet die Fronten und blockiert die notwendige Einsicht.

3.

Für die Parlamente wird es solange nicht möglich sein, die Reform des Bodenrechts weiter voranzutreiben, als es zwischen den Parteien keine Übereinstimmung über die Sozialpflichtigkeit des Bodens gibt. Dieser Konsens wird nur dann zustande kommen, wenn der Druck durch die Öffentlichkeit auf die Parteien stark wird.

4.

Aufgabe der Gesetzgebung ist es, schon jetzt jene kleinen, aber strategisch wichtigen Schritte herauszufinden, die jeweils möglich sind und ihrerseits wieder das Bewußtsein der Öffentlichkeit weiterentwickeln. Dabei wird man an die schon weitgehend übereinstimmenden Auffassungen der Kommunalpolitiker verschiedener Parteien anknüpfen können.

5.
Die kommunalen Spitzenverbände, insbesondere der Deutsche Städtetag, werden ihre Zurückhaltung aufgeben müssen, wenn die Interessen der Allgemeinheit gegenüber den organisierten Interessen der Großgrundbesitzer und der Eigentümer großer Miethäuser stärker zur Wirkung kommen sollen.

6.
Eine wirksame kommunale Bodenvorratspolitik ist wichtig. Zu diesem Zweck müssen finanzielle und rechtliche Möglichkeiten geschaffen werden. Steuerrechtliche Maßnahmen sind bei der Reform des Bodenrechts vor allem als begleitende Instrumente zu sehen. Als solche können sie von erheblicher Bedeutung sein.

7.
Das bestehende Bodenrecht stammt aus dem vorigen Jahrhundert. Die Diskussion um seine Reform steht erst am Anfang; sie wird an Gewicht und Schärfe zunehmen. Gesellschaftliche Veränderungen werden uns nicht geschenkt, sie müssen erkämpft werden. Das gilt auch für ein soziales Bodenrecht.

Literaturverzeichnis

Apel, Hans, Das Gerede von der Kommunalisierung des Bodens, in: Vorwärts, 17. 1. 1971; zitiert als: Apel 1971.

Arlt, Rainer/Rohde, Günter, Bodenrecht, Berlin 1967; zitiert als: Arlt 1967.

Berg, Horst Klaus, Eigentum als politisches, gesellschaftliches und theologisches Problem, in: ru. Zeitschrift für die Praxis des Religionsunterrichts, Stuttgart, München, Jahrgang 1, Heft 1, Januar – März 1971, S. 7 ff.; zitiert als: Berg 1971.

Berger, Hans Peter, Eigentum an Grund und Boden. Geschichtliche, volkswirtschaftliche Aspekte, Rechtsvergleichung, Stuttgart 1971, vervielfältigtes Vortragsmanuskript; zitiert als: Berger 1971.

Berndt, Heide, Das Gesellschaftsbild bei Stadtplanern, Stuttgart 1968.

Bernoulli, Hans, Die Stadt und ihr Boden, Erlenbach, Zürich, 2. Auflage 1949.

Bielenberg, Walter, Reform des Städtebaurechts und der Bodenordnung in Stufen, Hamburg 1969; zitiert als: Bielenberg 1969.

Böckstiegel, K. H., Neue Entwicklung im internationalen Enteignungsrecht, in: Außenwirtschaftsdienst des Betriebsberaters, 1963, S. 361 – 366.

Bohnsack, Gustav, Bodenwucher, Bodenwertsteuer und Stadtsanierung, in: Bauamt und Gemeindebau, Heft 8/1964; zitiert als: Bohnsack 1964.

– Hohe Bodenpreise – hohe Gewinne am Grund und Boden ohne eigene Leistung, in: Blätter für Grundstücks-, Bau- und Wohnungsrecht, 1970, S. 164; zitiert als: Bohnsack 1970/I.

– Gibt es einen Ausweg aus der Bodenrechtsmisere? in: Blätter für Grundstücks-, Bau- und Wohnungsrecht, 1970, S. 1; zitiert als: Bohnsack 1970/II.

Brockhaus, Enzyklopädie, 17. Auflage 1968; zitiert als: Brockhaus 1968.

Bundesbaugesetz, Textausgabe, 9. Auflage 1969; zitiert als: BBauG.

Bundesgesetzblatt, Gesetz über die verbilligte Veräußerung, Vermietung und Verpachtung von bundeseigenen Grundstücken vom 16. 7. 1971, Bundesgesetzblatt 1. Teil I, Nr. 66, S. 1005; zitiert als: Bundesgesetzblatt 1971.

Bundesminister der Finanzen, Gutachten zur Reform der direkten Steuern in der Bundesrepublik Deutschland, erstattet vom Wissenschaftlichen Beirat beim Bundesministerium der Finanzen, in: Schriftenreihe des Bundesministeriums der Finanzen, Heft 9/1967, Bonn; zitiert als: Bundesminister der Finanzen 1967.

Bundestagsausschuß für Städtebau- und Wohnungswesen, Schriftlicher Bericht zum Städtebauförderungsgesetz, BT Drucksache VI/2204; zitiert als: Bundestagsausschuß für Städtebau- und Wohnungswesen.

Central Office of Information (Hrsg.), The British System of Taxation, London 1968.

Clawson, Marion/Held, R. Burnell/Stoddard, Charles H., Land for the Future, John Hopkins Press, Baltimore 1960.

Darin-Drabkin, H., Monograph No. 1 (Bodenordnung in Israel), Ministry of Housing, Tel Aviv o. J.; zitiert als: Darin-Drabkin.

Deutscher Städtetag, Die Städte in der Strukturpolitik. Thesen des Deutschen Städtetages, Köln 1969; zitiert als: Deutscher Städtetag 1969.

Deutsches Volksheimstättenwerk, Die Funktion des Grundeigentums in der Sozialordnung der 70er Jahre. Referate der Arbeitstagung des 9. Deutschen Volksheimstättentages 1970, Köln 1970.

Dieterich, Hartmut/Farenholz, Christian, Städtebauförderungsgesetz für die Praxis, Stuttgart 1972; zitiert als: Dieterich/Farenholtz 1972.

Ernst, Werner, Wirksame Mittel der Bodenpolitik, in: Raum und Gesellschaft morgen, Köln 1969, S. 160 ff.; zitiert als: Ernst 1969.

Ernst, Werner/Bonczek, Willi, Zur Reform des städtischen Bodenrechts, Hannover 1971; zitiert als: Ernst/Bonczek 1971.

Ertl, Josef, Bodenfonds notwendig, nach: Deutsche Bauernzeitung, 10. 10. 1970, S. 1; zitiert als: Ertl 1970.

Eschenburg, Theodor, Leibholz ging zu weit, in: Die Zeit, Hamburg 8. 1. 1971.

Evangelische Kirche Deutschlands, Die Eigentumsdenkschrift der Kammer für Soziale Ordnung der EKD, in: Zeitschrift für Evangelische Ethik, Jahrgang 7, Heft 1, Gütersloh 1963; zitiert als: Evangelische Kirche Deutschlands 1963.

Farenholtz, Christian, Bodenrecht, Bodennutzung und Stadtentwicklung. Vortrag beim Institut für Städtebau, Berlin 1969; zitiert als: Farenholtz 1969.

Fredersdorf, Hermann, Minderheitsgutachten zum Gutachten der Steuerreformkommission, Düsseldorf 1971; zitiert als : Fredersdorf 1971.

Freistaat Bayern, Verfassung des Freistaates Bayern vom 2. 12. 1946, in: Tremel, Klaus, Verwaltungsgesetz des Freistaates Bayern, München 1968; zitiert als: Bayerische Verfassung.

Gähtgens, Wolfgang, Die Sozialbindung des Eigentums und ihre Grenzen in der Rechtsprechung der Zivilgerichte, in: Bundesbaublatt 1970, S. 364.

Gebauer, Bernhard/Lackmann, Eva-Maria/Schuster, Franz, Material zur Reform des Bodenrechts. Politische Akademie Eichholz der Konrad-Adenauer-Stiftung, Dezember 1968.

Gewos, Verfassung – Städtebau – Bodenrecht, Rechtswissenschaftliche Gutachten über die Enteignungsentschädigungen im Städtebau. Schriftenreihe der Gesellschaft für Wohnungs- und Siedlungswesen e. V., Hamburg 1969.

Gründler, Gerhard E., Betreten verboten! – Der Eigentümer, in: Die neue Gesellschaft, Mai 1971, S. 331; zitiert als: Gründler 1971.

Grundgesetz für die Bundesrepublik Deutschland 1949, Textausgabe, 2. Auflage 1968; zitiert als: Grundgesetz.

Hamann, Ulrich, Bodenwert und Stadtplanung, Stuttgart 1969; zitiert als: Hamann 1969.

Helms, Hans G./Janssen, Jörn (Hrsg.), Kapitalistischer Städtebau, Neuwied und Berlin 1970.

Hoffmann, Pierre/Patellis, Nikitas, Demokratie als Nebenprodukt. Versuch einer öffentlichen Planung, München 1971.

Hoffmann, Wolfgang, Mit der Bodenwertsteuer gegen die Spekulation, in: Die Zeit, Nr. 23, 4. 6. 1971, S. 27.

Hübner, Herbert, Sozialstaat und Sozialplan, in: Bauwelt 38/39 (Stadtbauwelt) 31/1971, S. 193; zitiert als: Hübner 1972.

Jacobi, Werner, Probleme der Bodenpolitik, in: Demokratische Gemeinde 17, Nr. 5, 1965; zitiert als: Jacobi 1965.

Jungsozialisten (Bundesvorstand), Materialien zur kommunalpolitischen Konferenz vom 17. – 18. April 1971, Bonn o. J.; zitiert als: Jungsozialisten 1971.

Katholische Akademie in Bayern, Eigentum und Bodenrecht. Eine Tagung, in: Zur Debatte, 1. Jahrgang, Nr. 1/2, 1971; zitiert als: Katholische Akademie in Bayern 1971.

Kerber, Walter, Thesen zur Frage des Eigentums an Grund und Boden, in: Zur Debatte, 1. Jahrgang, Nr. 1/2, S. 5, 1971; zitiert als: Kerber 1971.

Lang, Erwin, Mehr Steuergerechtigkeit, Wiesbaden o. J.; zitiert als Lang.

Lauritzen, Lauritz, Zur Frage der Neuordnung des Bodenrechts, Interview im SWF am 10. 1. 1971; zitiert als: Lauritzen 1971/I.

– Ein unerträglicher Zustand, Geltendes Recht ermöglicht Milliarden-Gewinne, SPD-Pressedienst vom 15. 2. 1971; zitiert als: Lauritzen 1971/II.

– Jungsozialisten und Bodenpolitik, SPD-Pressedienst vom 19. 5. 1971; zitiert als: Lauritzen 1971/III.

Leibholz, Gerhard/Rink, H. J., Kommentar zum Grundgesetz, 4. Auflage, Köln 1971; zitiert als: Leibholz/Rink 1971.

Leicht, Robert, Im Teufelskreis der Mieten, in: Süddeutsche Zeitung vom 27. 8. 1970; zitiert als: Leicht 1970.

Leo, Gunnar, Can Land Speculation Be Prevented? Rede auf dem Economic-Commission-for-Europe-Seminar, Paris 1965.

Littmann, Eberhard, Das Einkommensteuerrecht, 9. Auflage, Stuttgart 1969.

Mommsen, Wilhelm, Deutsche Parteiprogramme, München 1960; zitiert als: Mommsen 1960.

Müller, Albrecht/Pfeiffer, Ulrich, Reform des Bodenrechts – aber wie?, SPD-Pressedienst vom 7. 8. 1970; zitiert als: Müller/Pfeiffer 1970.

Müller, Albrecht, Ein Vorschlag zur Besteuerung der Wertsteigerungen bei Grundstücken, in: Schreiber, Folker, Bodenordnung? Stuttgart 1969; zitiert als: Müller 1969.

Müller, Herbert K. R., Beitrag zur Lösung der Bodenfrage. Sonderdruck aus: fsu-informationen (Freisoziale Union), Hamburg 1965; zitiert als: Müller 1965.

Münch, Dieter, Gutachten des Instituts für Siedlungs- und Wohnungswesen der westfälischen Wilhelmsuniversität Münster, Bodenpolitik International, Münster 1968; zitiert als: Münch 1968.

Naumann, Friedrich, Werke. Schriften zur Verfassungspolitik, 2. Band, Köln 1964; zitiert als: Naumann 1964.

Nawroth, Edgar, Das Eigentumsverhältnis im Wandel der Zeit, in: Raum und Gesellschaft morgen, Köln 1969, S. 106.

Nell-Breuning, Oswald von, Wirtschaft und Gesellschaft. Grundfragen, Freiburg 1956; zitiert als: Nell-Breuning 1956.

– Preisbildung am Bodenmarkt, in: Wirtschaftsfragen der freien Welt, Frankfurt 1957; zitiert als: Nell-Breuning 1957.

– Sozialethische Fragen zum Bodeneigentum, in: Stimmen der Zeit, 1965; zitiert als: Nell-Breuning 1965.

– Das Bundesbaugesetz und die Probleme einer sozialen Bodenordnung, in: Raum und Gesellschaft morgen, Köln 1969, S. 137; zitiert als: Nell-Breuning 1969/I.

– Bodenbeschaffung und Bodenpreisbildung, in: Raum und Gesellschaft morgen, Köln 1969, S. 165; zitiert als: Nell-Breuning 1969/II.

– Leitsätze, in: Zur Debatte, 1. Jahrgang, Nr. 1/2, S. 1, 1971; zitiert als: Nell-Breuning 1971.

Nevermann, Paul, Wohnungsbau: Die Mieter, in: der arbeitgeber, Nr. 2/23, 1971, S. 108 ff.: zitiert als: Nevermann 1971.

Njunjic-Palinkas, Landownership in Yugoslavia, Hektographiertes Arbeitspapier, Januar 1971.

Odin, Karl-Alfred, Die Denkschrift der EKD »Eigentumsbildung in sozialer Verantwortung«. Text und Kommentar, Neukirchen-Vluyn 1966; zitiert als: Odin 1966.

Ohlmer, Henning/Walper, Karl Heinz, Eine bessere Bodenverfassung – aber wie? Kleine Schriften des Deutschen Verbandes für Wohnungswesen, Städtebau und Raumplanung, Nr. 13, Köln-Mülheim 1969; zitiert als: Ohlmer/Walper 1969.

Ostendorf, Bernhard, Einführung einer Bodenwertzuwachssteuer, in: Finanzrundschau, Nr. 6, 23. 3. 1971, S. 137–143; zitiert als: Ostendorf 1971.

Parlamentarischer Rat, Schriftlicher Bericht zu Artikel 14 und 15 GG, S. 11 ff.; zitiert als: Parlamentarischer Rat 1948/49.

Passow, Shirley S., Land Reserves and Teamwork in Planning Stockholm, in: American Institute of Planners Journal, Mai 1970, S. 179; zitiert als: Passow 1970.

Pfeiffer, Ulrich, Überlegungen zur Theorie der Steuerung der Bodennutzung, in: Schreiber, Folker, Bodenordnung? Stuttgart 1969; zitiert als: Pfeiffer 1969.

– Die »Land-Commission-Act« – eine fehlgeschlagene Reform? in: Stadtbauwelt, 1971, S. 316; zitiert als: Pfeiffer 1971.

Podlech, Adalbert, Die Eigentumsfrage im Grundgesetz, in: Protokoll der Arbeitswoche für Gerichtsreferendare im Kurhaus Monbachtal, Stuttgart 1971; zitiert als: Podlech 1971.

Pohl, Werner, Die neuere Rechtssprechung des Bundesgerichtshofes zur klassischen Enteignung, Köln 1969; zitiert als: Pohl 1969/I.

– Die Beeinflussung der Bodenpreise durch steuerliche und andere staatliche Maßnahmen, in: Schreiber, Folker, Bodenordnung? Stuttgart 1969; zitiert als: Pohl 1969/II.

– Das Städtebauförderungsgesetz als Kompromiß, in: Bauwelt 38/39 (Stadtbauwelt) 31/1971, S. 205; zitiert als: Pohl 1971/I.

– Die Bodenfrage und der Städtebau, in: Die neue Ordnung, 1971, S. 81; zitiert als: Pohl 1971/II.

Preusker, Victor Emanuel, Wohnungsbau: Die Hauseigentümer, in: der arbeitgeber, Nr. 3/23, 1971, S. 112 ff.

pro test, Zeitschrift der Evangelischen Studentengemeinde zum Kirchentag 1969; zitiert als: pro test 1969.

Raiser, Ludwig, Verfassungsrechtliche Eigentumsgarantie und Städtebau, in: Zeitschrift für ev. Ethik, Heft 2, 1971, S. 83; zitiert als: Raiser 1971.

Raumordnungsbericht der Bundesregierung 1968, BT Drucksache V/3958; zitiert als: Raumordnungsbericht 1968.

Raumordnungsbericht der Bundesregierung vom 4. 11.1970, BT Drucksache VI/1340; zitiert als: Raumordnungsbericht 1970.

Reischl, Gerhard, Bundestagsrede, zitiert nach: Das Parlament, Nr. 3, 1971, S. 4; zitiert als: Reischl 1971.

Rössler, Rudolf/Troll, Max, Bewertungsgesetz und Vermögensteuergesetz. Kommentar, Berlin und Frankfurt 1968; zitiert als: Rössler/Troll 1968.

Roth, Fritz, Vorschläge zu einem neuen Bodenrecht, in: Zeitschrift für Rechtspolitik, 1971, S. 169.

– Gewährleistungsansprüche des Bau- und Planungsrechts unter besonderer Berücksichtigung eines gesetzlich zu sichernden Planungswertausgleichs, Dissertation Darmstadt 1971.

Schäfers, Bernhard, Partizipationschancen nach dem Städtebauförderungsgesetz, in: Bauwelt 38/39 (Stadtbauwelt) 31/1971, S. 201.

Schmidt, Alfred, Eigentum und Eigentumsideologien, in: Zur Debatte, 1. Jahrgang, Nr. 1/2, 1971, S. 5; zitiert als: Schmidt 1971.

Schmidt-Aßmann, Eberhard, Die kommunale Selbstverwaltung im Regierungsentwurf zu einem Städtebauförderungsgesetz, in: Die Verwaltung, 1970, S. 421.

Schneider, Erich, Einführung in die Wirtschaftstheorie, II. Teil, Tübingen 1961; zitiert als: Schneider 1961.

Schneider, Hans K./Vieregge, Rudolf, Die Grundsteuer in der Finanzreform, Institut für Siedlungs- und Wohnungswesen der westfälischen Wilhelmsuniversität, Münster 1969.

Schreiber, Folker, Bodenordnung? Vorschläge zur Verbesserung der Sozialfunktion des Bodeneigentums, Stuttgart 1969; zitiert als: Schreiber 1969.

Schulthess, Jens, Die Höhe der Enteignungsentschädigung vom Preußischen Enteignungsgesetz bis zum Bundesbaugesetz, Köln 1965; zitiert als: Schulthess 1965.

Schulthess, Jens/Schuster, Franz (Hrsg.), Material zur Reform des Bodenrechts, 1968; zitiert als: Schulthess/Schuster 1968.

Seele, Walter, Kritische Betrachtungen zur Situation in der Bodenordnung, in: Der Städtetag, 1970, S. 395.

SPD, Grundsatzprogramm 1959 (Godesberger Programm), Bonn 1959; zitiert als: SPD 1959.

SPD, Vorschläge der Steuerreformkommission beim Parteivorstand der SPD, Juli 1971; zitiert als: SPD 1971.

SPD-Bundesvorstand (Hrsg.), Wohnungs- und Städtebaukongreß der SPD in München 1969, Bonn o. J., zitiert als: SPD 1969.

SPD Hessen-Süd, Vermögen umverteilen! Antrag und Begründung einer vermögenspolitischen Konzeption, Frankfurt am Main o. J.

Stadt Stuttgart, Arbeitsgruppe Städtebauförderungsgesetz, Darstellung von Sanierungs- und Entwicklungsmaßnahmen nach dem Entwurf zum Städtebauförderungsgesetz, Stuttgart 1971; zitiert als: Stadt Stuttgart 1971.

Städtebaubericht 1969, Hrsg.: Der Bundesminister für Wohnungswesen und Städtebau, Bonn 1969; zitiert als: Städtebaubericht 1969.

Städtebaubericht 1970, Hrsg.: Der Bundesminister für Wohnungswesen und Städtebau, Deutscher Bundestag, Drucksache VI/1497, Bonn 1970; zitiert als: Städtebaubericht 1970.

Städtebauförderungsgesetz, Textausgabe Deutsches Volksheimstättenwerk, Köln 1971; zitiert als: StBauFG.

Städteverband Baden-Württemberg, Darstellung der Finanzsituation der Städte in Baden-Württemberg; zitiert als: Städteverband Baden-Württemberg.

Tesmer, Wilhelm, Das Stuttgarter Modell zur Durchführung freiwilliger Bodenordnung, in: Zeitschrift für Vermessungswesen, 1971, S. 161; zitiert als: Tesmer 1971.

Tiemann, Martin, Die Baulandpreise und ihre Entwicklung, in: Der Städtetag, 1970, S. 562; zitiert als: Tiemann 1970.

United Nations, Urban Land Problems and Policies, Bulletin 7, United Nations, New York 1953.

Vogel, Jochen, Münchener Erfahrungen zur Reform der Bodenordnung, in: Raum und Siedlung, Nr. 5, 1968, S. 130 ff.; zitiert als : Vogel 1968.

– Stichworte für ein Referat über »Sozialdemokratische Kommunalpolitik«, vervielfältigtes Manuskript, Januar 1971; zitiert als: Vogel 1971/I.

– Bodenloses Bodenrecht, in: Stern, Nr. 23/1971, S. 15 ff.; zitiert als: Vogel 1971/II.

Wandersleb, Hermann, Handwörterbuch des Städtebaus, Wohnungs- und Siedlungswesens, Stuttgart 1959.

Wassermann, Rudolf, Justiz und Demokratie, in: Stuttgarter Zeitung, 28. 12. 1971; zitiert als: Wassermann 1971.

Weber, Hubert, Versteuerung des Bodengewinns, SPD-Pressedienst vom 27. 8. 1970; zitiert als: Weber 1970.

– Die Besteuerung von Bodengewinnen, SPD-Pressedienst vom 18. 1. 1971; zitiert als: Weber 1971.

Welt am Sonntag, »Dünnes Spray gegen dicke Preise«, 17. 1. 1971; zitiert als: Welt am Sonntag 1971.

Weyl, Heinz, Entwicklung der Bodenverfassung in Großbritannien, in: Schreiber, Folker, Bodenordnung? Stuttgart 1969; zitiert als: Weyl 1969.

Winter, Claus/Mainczyk, Lorenz, Boden. Eine Dokumentation, Band I, Bonn 1968; zitiert als: Winter/Mainczyk 1968/I.

– Boden. Eine Dokumentation, Band II, Bonn 1968; zitiert als: Winter/Mainczyk 1968/II.

Wolff, Martin/Raiser, Ludwig, Sachenrecht, 10. Bearbeitung, Tübingen 1957; zitiert als: Wolff/Raiser 1957.

Wohnreport 1971, Hrsg.: Bundesministerium für Städtebau und Wohnungswesen, Bonn 1971; zitiert als: Wohnreport 1971.

Zentralverband der Deutschen Haus- und Grundeigentümer, Aktuelle Aussagen zur Wohnungswirtschaft, Düsseldorf 1971; zitiert als: Zentralverband der Deutschen Haus- und Grundeigentümer 1971.

Zinkahn, Willy/Bielenberg, Walter, Bundesbaugesetz, Kommentar, München 1970; zitiert als: Zinkahn/Bielenberg 1970.

Personen- und Stichwortverzeichnis

Abbruchgebot 89, 100
Abfall 38
Abwasser 38
Adenauer, Konrad 16
Anlage, Anlagegut 47, 50, 114
Apel, Hans 129
Arbeitsteilung 35
Arlt, Rainer 81 ff.
Aufbauplan (DDR) 82

Bauernbefreiung 21
Bauernverband, Deutscher 61 ff.
Baufreiheit 25
Baugebot 89, 100
Baulandbeschaffung 71, 75
Baulandsteuer 111
Bauleitplan, Bauleitplanung, Flächennutzungsplan, Bebauungsplan 25 ff., 70, 74, 81, 87, 94 ff., 133
Bebauungsplan siehe Bauleitplan
Berg, Horst Klaus 23
Berger, Hans Peter 22
Beteiligung siehe Demokratisierung
Bevölkerungsdichte 33 ff., 41
Bevölkerungszuwachs,-wachstum 35
Bewertungsgesetz 52
Bewertungstechnik 98
Bielenberg, Walter 103
Boden-Fonds 8, 124, 131 ff.
Bodenmarkt 32, 45, 57, 61, 71, 116, 120, 132, 134, 138
Boden–
– nutzung 26 ff., 32, 43, 46, 57, 74, 81, 95, 104, 108, 133 ff.
– , öffentlicher 116 ff., 119
– preis, -preissteigerung 30, 43 ff., 50 ff., 79
– recht 20
– reformer, Bund der 22
– spekulation 18, 22, 47, 57, 59, 63, 68, 76, 86, 94, 104, 109, 114, 119
– vorratspolitik 7, 60, 71 ff., 76, 118 ff., 123, 131, 142
– wertsteigerung, -wertzuwachs 24, 30, 42 ff., 47, 59, 64, 88, 104, 107, 121, 135 ff.
– wertzuwachssteuer 76, 78, 109 113, 124
Bohnsack, Gustav 139
Bonczek, Willi 95, 97 ff., 102
Bruttosozialprodukt 34 ff.
Bürgerbeteiligung siehe Demokratisierung
Bürgerliches Gesetzbuch – BGB 12, 131
– § 94 21
– § 903 12, 17
Bürgertum 24
Bundesbaugesetz – BBauG 15 ff., 25 ff., 54, 61, 84, 89, 93 ff., 133
Bundesgerichtshof – BGH 15, 97
Bundesverfassungsgericht – BVG 16 ff., 54, 55, 101, 132

– Deichurteil 17

CDU/CSU 58 ff., 120 ff.
Code Civil 12

Dänemark 110
Damaschke, Adolf 22
DDR 80 ff.
Demokratisierung, Beteiligung, Bürgerbeteiligung, Mitbestimmung 27, 85 ff., 93 ff.
Deutscher Gewerkschaftsbund – DGB siehe Gewerkschaften
Dienstleistungsgesellschaft 35
Dieterich, Hartmut 87

Eberhard-Kommission 111
Eigenheim 49, 63, 65, 67, 134
Eigentums-
– begriff, – definition 14, 65
– funktion, – inhalt 17 ff.
– ideologie 120
– kategorien 18, 20 ff.
– ordnung 17, 20 ff., 62
– wohnung 44, 49, 121, 131, 134 ff.
Einheitswert 51 ff., 55, 105 ff., 133
Einkommensteuer – EStG 54 ff., 56, 71, 108
Entballung 38
Enteignung, Enteignungsverfahren, Enteignungsentschädigung 14 ff., 24, 28, 30, 31, 49, 54, 59, 61, 65, 68, 70 ff., 82, 88 ff., 96 ff., 106, 127, 132, 136
Entpachtung 136
Entwicklungsbereich, Entwicklungsgebiet (StBauFG) 84 ff., 87, 89
Entwicklungswert (England) 73, 75
Eppler-Kommission 112
Erbbaurecht, Erbpacht 72, 78, 91, 123, 131, 134
Erbbaurechtsverordnung – ErbBauRVO 135
Erbbauzins, Erbpachtzins 72 ff., 78, 124, 135 ff.
Erbschaftsteuer 56
Ernst, Werner 95, 98 ff.
Ersatzgebiet, Ergänzungsgebiet (StBauFG) 87 ff.
Ertl, Josef 125, 139

Farenholtz, Christian 30, 87
FDP 60 ff., 122
Finanzausgleich, Finanzkraft 39, 114
Finck, August von 50
Flächenenteignung 99, 119
Flächennutzungsplan siehe Bauleitplan
Fredersdorf, Hermann 105 ff.
Freibeträge 53, 112, 113
Fremdeinschätzung, Fremdbewertung 105, 112

Gebäudewert 107
Gemeinbedarf, Gemeinbedarfsflächen 30, 97, 101, 119, 135
Gemeineigentum 14, 19
Genscher, Hans-Dietrich 18, 57
Gewerbesteuer 28, 56, 118
Gewerkschaften – DGB 61 ff.
Gewinne, realisierte/nicht realisierte 54, 108 ff., 113
Godesberger (Grundsatz-) Programm siehe SPD
Großbritannien 33, 73
Großgrundbesitz 20
Gründerzeit 22
Grunderwerbsrecht, kommunales 61, 88, 100
Grunderwerbsteuer 55, 56, 108 ff.
Grundgesetz – GG 11 ff.
– Artikel 14 13 ff., 59, 62, 119, 127, 131
– Artikel 15 14, 123, 126 ff.
– Artikel 18 14

– Artikel 20 16
– Artikel 28 94, 122
Grundsteuer 55, 71

Hamann, Ulrich 103
Hauptfeststellung 105
Hebesatz 53, 55
Heinemann, Gustav 16
Hübner, Herbert 86, 90

Industrialisierung 21, 33 ff.
Inflation 43
Infrastruktur, Infrastrukturinvestitionen 36, 48, 57, 80, 124
Investitionen 21, 24, 30, 48, 60, 88, 124
Israel 77 ff.

Jacobi, Werner 126
Jewish National Funds 77
Jugoslawien 79 ff.
Jungsozialisten in der SPD 67, 123, 126, 129

Katholische Akademie Bayern 65 ff.
Kerber, Walter 23
Kirche, evangelische 64 ff.
– , katholische 64 ff.
Kirchen 22 ff., 64 ff.
– tag, Evangelischer 23, 66
Kommunalisierung, Sozialisierung 8, 103, 120 ff., 126 ff., 132, 141
Kronawitter, Georg 50
Konzentration 49

Land Commission,
Land Commission Act (England) 73 ff., 139
Landerwerbsgesetz (Schweden) 71 ff.
Landrecht, Preußisches Allgemeines 12, 21
Landverschwendung 49
Landwirtschaft, landwirtschaftlich genutzter Boden, Forstwirtschaft 62, 71, 88, 113, 125, 138
Lauritzen, Lauritz 51, 56, 57, 113, 129
Leber, Georg 63
Leibholz, Gerhard 16

Marktwert 59, 75, 78
Marktwirtschaft (siehe auch Bodenmarkt) 7, 16, 45 ff., 62, 69, 73, 120
Meermann, Hedwig 47
Mieten, Mieter 44, 60, 81, 91
Mieterbund, Deutscher 61 ff.
Mietwucher 68
Miteigentum 101, 132
Mitwirkung, Mitbestimmung siehe Demokratisierung
Modernisierungsgebot 89, 100
Mommsen, Wilhelm 58 ff.
Müller, Albrecht 58 ff.
Müller, Herbert K. R. 139
Münch, Dieter 42, 48, 57, 76
München 35, 52

Naumann, Friedrich 11
Nell-Breuning, Oswald von 12, 22 ff., 139
Niederlande 75 ff.
Nordrhein-Westfalen 35
Normenkontrollklage, -verfahren 28
Nutzung siehe Bodennutzung
Nutzungsrecht, Nutzungseigentum 8, 20 ff., 124

Obereigentum, Verfügungseigentum 21, 80, 131, 138
Odin, Karl-Alfred 65
Öffentliches Interesse 117
Öffentliche Meinung 58 ff., 66 ff.
Ohlmer, Henning/Walper, Karl-Heinz 45, 51, 107, 110

Ostendorf, Bernhard 109, 114

Pacht siehe Erbbaurecht
Pachtmarkt 134 ff., 138
Pachtzins siehe Erbbauzins
Parlamentarischer Rat 13 ff.
Paul VI. Papst 64
Pfeiffer, Ulrich 46
Planungsgewinn, Planungsvorteil 74, 103
Planungshoheit 94, 134, 138
Planungsschaden 30, 102
Planungsträger 27
Planungswertausgleich 102
Podlech, Adalbert 16
Pohl, Werner 54, 85, 103
Privateigentum 22 ff., 32, 141
Privatisierung, Reprivatisierung 90, 120, 121, 123
Property Tax (USA) 71

Raiser, Ludwig 12, 15, 97
Raumordnungsbericht 33 ff.
Realteilung 22
Rechtsschutz 29
Rechtsstaat, -lichkeit 16, 19
Reischl, Gerhard 120
Reprivatisierung siehe Privatisierung
Richtwertkarte 106
Rössler, Rudolf/Troll, Max 52 ff.

Sanierung, Sanierungsgebiet 70, 84 ff., 87 ff., 107
Schäfers, Bernard 85
Schmidt, Alfred 20
Schmidt-Aßmann, Eberhard 94
Schneider, Erich 41
Schulthess, Jens 97
Schweden 71 ff.
Selbsteinschätzung, Selbstbewertung 105 ff., 112
Selbstverwaltung, Selbstverwaltungsrecht 94, 122
Sozialisierung siehe Kommunalisierung
Sozialpflichtigkeit, Sozialbindung 8, 24, 25, 59, 62, 127, 141
Sozialplan (StBauFG) 85 ff., 92
Sozialstaat, -lichkeit 16, 19, 98
Spekulation siehe Bodenspekulation
SPD 58, 110, 112, 120, 122, 126
– Grundsatzprogramm 59, 123
– Parteitag 60
– Perspektiven 60
Stadtplanung 25 ff., 95
Städtebaubericht 33 ff., 41, 43, 46, 50, 111, 129
Städtebauförderungsgesetz – StBauFG 7, 55, 63, 84 ff., 92, 120 ff., 123
Städtetag, Deutscher 16, 63, 142
Steuerrecht, Steuersystem 50 ff., 56, 79, 114
Steuerreform 104 ff., 114 ff.
Steuersätze, Hebesätze 53
Stockholm 72, 118
Stuttgart 30, 39, 44, 86, 95 ff., 102, 119, 121

Tesmer, Wilhelm 102
Torrens Act (England) 73
Town and Country Planning Act (England) 73

Überwälzung, Abwälzung (Steuern) 104, 111, 114
Umfragen siehe Öffentliche Meinung
Umlegung 31, 61, 100 ff., 119
Umlegungsvorteil 101
Untereigentum, Nutzungseigentum 21
Untersuchungen, vorbereitende (StBauFG) 85, 91
USA siehe Vereinigte Staaten

Veräußerungsgewinn 54, 78
Verdichtungsraum, -gebiet 33 ff., 56, 91, 114

Verdrängung 32, 122
Vereinigte Staaten von Amerika 69 ff., 86
Verfassung, Freistaat Bayern 13
– , Weimarer – WV 11 ff.
– , DDR 80
Verkehr, Nahverkehr 33 ff.
Verkehrswert 54, 74, 88, 97, 105 ff., 121, 133, 136
Vermittlung von Grundstücken 24
Vermögensteuer 55
Verpachtung siehe Erbbaurecht
Verstädterung 35
Vogel, Hans Jochen 48, 67, 122 ff., 129, 139
Volkswirtschaft 41 ff.
Vorkaufsrecht, kommunales 31, 59 ff., 81, 82, 100
Vorpachtrecht 134

Wassermann, Rudolf 18
Wertsicherungsklausel 132
Weyl, Heinz 74 ff.
Wohnungsbau, sozialer 31, 41 ff., 48, 59, 87, 91, 95, 102, 113, 119, 123, 134 ff.
Wohnungsnot 22, 36
Wolff, Martin 12, 15

Zentralverband der Deutschen Haus- und Grundeigentümer 44, 61 ff., 127

Katrin Zapf · Karolus Heil · Justus Rudolph

Stadt am Stadtrand

Eine vergleichende Untersuchung in vier Münchner Neubausiedlungen
Veröffentlichungen des Instituts für angewandte Sozialwissenschaft, Band 7
372 Seiten mit zahlreichen Tabellen und Schaubildern

Die Kritik an den Wohn- und Lebensbedingungen in neuerrichteten Wohnsiedlungen hält an. Es ist die mehr theoretische Kritik von Architekten, Publizisten und Wissenschaftlern, die sich nur ausnahmsweise und zu illustrativen Zwecken der Lagepläne oder der subjektiven Erfahrungen von Bewohnern solcher Neubausiedlungen bedient. Die Untersuchung, die das Institut für angewandte Sozialwissenschaft gemeinsam mit dem Baureferat der Stadt München und in Zusammenarbeit mit einem Architekten durchgeführt hat, unterzieht diese Kritik einer empirischen Überprüfung.
Justus Rudolph analysiert als Architekt die städtebaulichen Strukturelemente, also Flächenangebot in Wohnungen und Siedlungen, Baudichten und Wegenetze, und setzt sie in Beziehung zu Einstellungen und Verhalten der Bewohner. Der Soziologe Karolus Heil geht den sozialpsychologischen Reaktionen der Siedlungsbewohner auf ihre neue Umgebung im einzelnen nach; er erklärt die Bindung an die Siedlung, das Verhältnis zu den Nachbarn und die Präferenzen für als auch die Aversionen gegen die Siedlungen als Antwort auf die früheren und auf die jetzigen Wohnbedingungen. Die Soziologin Katrin Zapf zeichnet die demographischen Besonderheiten der Siedlungsbevölkerung, Altersaufbau und Haushaltstypen, Mobilität und Erwerbstätigkeit. Im Schlußkapitel analysiert sie die Ausstattung der Siedlungen mit Einrichtungen zum öffentlichen Gebrauch und die Nutzung der Einrichtungen von seiten der Bewohner.
Die Befunde dieser vergleichenden Untersuchung regen dazu an, manche Planung, aber auch manche Kritik an der Planung neu zu durchdenken.

Europäische Verlagsanstalt

Katrin Zapf
Rückständige Viertel

Eine soziologische Analyse der Städtebaulichen Sanierung in der Bundesrepublik
260 Seiten mit zahlreichen Tabellen und Schaubildern
Veröffentlichung des Dokumentations- und Ausbildungszentrums für Theorie und Methode der Regionalforschung e. V. (DATUM)

In vielen Gemeinden der Bundesrepublik gibt es überalterte, erneuerungsbedürftige Viertel. Sie bilden heute Inseln der Rückständigkeit, die als erstarrte Hülsen einer vergangenen Gesellschaft denen, die sie nutzen, überholte Begrenzungen aufzwingen. Die vorliegende soziologische Untersuchung einer städtebaulichen Aufgabe geht davon aus, daß die Erneuerung rückständiger Viertel kein rein städtebauliches, sondern in erster Linie ein gesellschaftspolitisches Problem darstellt; daß dementsprechend Sanierungsmaßnahmen politische Instrumente sind, die gerichteten sozialen Wandel in Gang setzen.
Die empirische Analyse bezieht sich auf die Verhältnisse in der Bundesrepublik; sie verliert sich nicht in falschen Parallelen zur Sanierungssituation in den nordamerikanischen Großstädten. Die deutsche Fachdiskussion zur Sanierung und Stadtentwicklung und das mutmaßliche Ausmaß des Sanierungsbedarfs werden aus den verschiedensten Quellen zusammengetragen. Monographische Kapitel umreißen das sehr breite Spektrum der Sanierungsprobleme in Gemeinden verschiedener Größe und Lage: die tatsächlichen Sanierungsmaßnahmen in Nordrhein-Westfalen, dem Bundesland mit dem größten Sanierungsbedarf; Bevölkerungsstruktur und Bevölkerungsentwicklung im Sanierungsgebiet einer Großstadt (Berlin-Wedding); Bevölkerungsstruktur und Teilnahmeverhalten im erneuerungsbedürftigen Gebiet einer Mittelstadt (Konstanz); Mobilität und soziales Milieu im Erneuerungsgebiet einer Großstadt (Dortmund-Nord II). Diese empirischen Monographien differenzieren das gängige Klischee vom Einheitstyp Sanierungsgebiet, von den armen alten Leuten dort, von den engen, schonungsbedürftigen Nachbarschaftsbeziehungen und ähnlichen standardisierten Vorstellungen.
Dieser Band führt vor Augen, welche Probleme nach der Verabschiedung des Städtebau- und Gemeindeentwicklungsgesetzes in der Bundesrepublik zu lösen sind und daß sie sich nur lösen lassen, wenn schon im Gesetz die organisierte Modernisierung baulicher und gesellschaftlicher Strukturen als erklärtes Ziel der Sanierungsmaßnahmen gilt.

Europäische Verlagsanstalt